Incontri ravvicinati con gli UFO: storie vere che sfidano ogni spiegazione

Avvistamenti reali da parte di militari, piloti, poliziotti e civili in tutto il mondo

Oliver Elliott

Indice

Introduzione

Nel corso di migliaia di anni di civiltà umana, le testimonianze di oggetti volanti non identificati (UFO) sono apparse nei documenti storici. Mentre alcuni possono essere spiegati con cause naturali, altri rimangono ostinatamente misteriosi. Un esempio lampante è il Nuremberg Broadside, un articolo illustrato che descrive un avvistamento di massa sopra Norimberga, in Germania, all'alba del 14 aprile 1561. Creato da Hans Glaser, il manifesto presenta un'illustrazione xilografica e un testo che descrive in dettaglio una strana attività aerea - sfere che si scontrano nel cielo e cadono sulla terra avvolte dal fumo - interpretata all'epoca come una "battaglia aerea" tra oggetti celesti. Rimane una delle prime testimonianze conosciute di ciò che oggi chiamiamo fenomeni anomali non identificati (UAP).

In tempi moderni, la ricerca sugli UFO ha attirato l'attenzione di eminenti scienziati. J. Allen Hynek, astronomo americano e consulente chiave per *i progetti Sign, Grudge* e *Blue Book* (1948-1969) dell'aeronautica militare statunitense, inizialmente scettico, in seguito riconobbe che molti avvistamenti da parte di testimoni credibili sfidavano le spiegazioni convenzionali. Il suo lavoro ha contribuito a rendere la ricerca sugli UFO un campo scientifico legittimo e ha sviluppato l'ormai famoso sistema di classificazione "Close Encounter", reso popolare dal film del 1977 *Incontri ravvicinati del terzo tipo.*

Avi Loeb, professore di scienze ad Harvard ed ex presidente del dipartimento di astronomia, è un'altra voce di spicco, e spesso controversa, in questo campo. Egli sostiene che gli UAP meritano uno studio scientifico serio e ha attirato l'attenzione mondiale per aver suggerito che *'Oumuamua*, il primo oggetto interstellare conosciuto, potrebbe essere un artefatto di intelligenza extraterrestre. Loeb ha anche fondato il Progetto Galileo, che cerca prove fisiche della tecnologia aliena utilizzando strumentazioni avanzate.

Persino Carl Jung, lo psichiatra svizzero, ha esplorato gli UFO, non come oggetti fisici, ma come simboli dell'inconscio collettivo, miti moderni che riflettono le paure e i desideri più profondi dell'umanità.

L'era moderna degli avvistamenti UFO è iniziata con la segnalazione di Kenneth Arnold nel 1947 di nove oggetti a forma di mezzaluna che volavano a velocità incredibili vicino al Monte Rainier, nello Stato di Washington. Oggi, le segnalazioni di UAP continuano ad emergere a livello globale. Solo nel 2022 sono stati segnalati circa 5.000 avvistamenti, a sottolineare il fascino e il mistero che questi fenomeni continuano a esercitare.

Questo libro si propone di presentare una raccolta di 58 casi avvincenti di incontri ravvicinati. Ogni racconto è stato selezionato per la sua credibilità, documentazione e, in molti casi, prove fisiche. I testimoni vanno dal personale militare e dai piloti alle forze dell'ordine e ai civili, tutti accomunati da esperienze che sfidano le spiegazioni convenzionali.

L'obiettivo di questo libro non è quello di persuadere, ma di informare. Fornendo resoconti dettagliati e prove, vi invito a esplorare questi misteri con mente aperta. Che siate scettici o credenti, queste storie offrono un viaggio stimolante nell'ignoto.

Preparatevi ad approfondire l'inspiegabile. La verità potrebbe essere là fuori, in attesa di essere scoperta.

1

Razzi fantasma, lago Kölmjärv, Svezia, 1946

Il 19 luglio 1946, il contadino svedese Knut Lindbäck stava tagliando la legna vicino alla sua piccola fattoria sulle rive del lago Kölmjärv. Per Lindbäck, il lago era sempre stato essenziale per il suo stile di vita: beveva da esso, pescava in esso e lo utilizzava come via di comunicazione per i suoi spostamenti quotidiani. La sua famiglia allevava il proprio bestiame e coltivava i propri ortaggi, vivendo quasi interamente dei prodotti della terra.

Quel giorno, la sua domestica, Beda Persson, era nelle vicinanze, pronta ad aiutarlo nelle faccende quotidiane. Era il primo anno intero dopo la guerra e la gente cercava di tornare alla normalità. Anche se la seconda guerra mondiale era finita, gli svedesi rimanevano diffidenti nei confronti di qualsiasi rumore forte nel cielo. Nel 1946 la tensione era alta, poiché l'Unione Sovietica sembrava determinata ad espandere la propria influenza in tutta Europa. La Svezia, a meno di 300 miglia dal confine russo, era sul chi vive. La minaccia di un attacco aereo, per quanto improbabile, era ancora incombente e gli svedesi tenevano d'occhio il cielo.

Improvvisamente, alle 11:45 circa, Lindbäck e Persson udirono un ronzio sopra le loro teste. All'inizio era basso e lontano, ma rapidamente si trasformò in un rumore tremendo e sconosciuto. Lindbäck alzò lo sguardo, cercando di identificarne la fonte. Il suo primo pensiero fu che si trattasse di un temporale, ma il cielo era sereno e non c'erano nuvole temporalesche.

Poi lo vide: un oggetto grigio, allungato, simile a un razzo, che scendeva rapidamente dall'alto. Si stimava che fosse lungo circa due metri, con un muso smussato, una coda appuntita e forse piccole protuberanze simili ad ali sui lati.

Sebbene la Svezia ricordasse ancora la guerra e le terrificanti bombe V lanciate dalla Germania nazista, che di solito prendevano di mira le grandi città, la fattoria isolata di Lindbäck sembrava un obiettivo improbabile. Come poteva qualcosa del genere schiantarsi qui, in mezzo al nulla?

Prima che potesse capirne il motivo, l'oggetto si tuffò nel lago Kölmjärv, generando un enorme spruzzo e una cascata d'acqua. La forza dell'impatto provocò increspature su tutto il lago e parte del fondale fu scaraventato sulla riva.

Il luogo dell'impatto si trovava a circa un miglio da dove si trovavano Lindbäck e Persson, vicino alla riva sud-occidentale. In un primo momento, Lindbäck sospettò che potesse trattarsi di una bomba V1, una delle prime forme di missile da crociera utilizzate durante la seconda guerra mondiale, nota per il suo caratteristico contenitore a forma di razzo. Ma una V1 avrebbe viaggiato in linea retta, non sarebbe precipitata verticalmente. Inoltre, questo oggetto aveva un muso tozzo, a differenza del muso appuntito tipico della V1. Con questi indizi, la possibilità che si trattasse di un razzo tedesco risalente alla guerra fu esclusa.

Lindbäck decise di remare fino al punto dell'impatto. Era profondamente sconvolto dall'incidente, ma anche spinto dalla curiosità. Voleva sapere cosa fosse precipitato nel lago, soprattutto dopo una collisione così violenta. Lindbäck si aspettava di trovare le acque disseminate di detriti dell'oggetto frantumato.

Quando arrivò sul luogo dell'impatto, scoprì alghe e ninfee sradicate e gettate a riva, insieme ad acqua fangosa e agitata. Tuttavia, con sua grande sorpresa, non c'erano detriti. Durante la seconda guerra mondiale, quando le bombe V cadevano in Svezia, in genere lasciavano dietro di sé dai 2.000 ai 3.000 kg di rottami. Eppure qui non c'era nulla, nemmeno un frammento di metallo.

Dato che il lago Kölmjärv era profondo solo circa due metri, Lindbäck controllò il fondale per vedere se l'oggetto potesse essere affondato nel limo. Sondò il fondo con un remo, sperando di sentire qualcosa di solido sotto la superficie. Tuttavia, non trovò alcuna traccia di detriti.

Un'altra testimone, la quattordicenne Frideborg Tagebo, riferì di aver sentito un forte rumore e di aver visto un grande spruzzo nel lago. Al momento si trovava sulla sponda settentrionale e descrisse il suono come simile a un tuono. Notò che il suo cane reagì con evidente paura all'evento.

Il mistero si estese oltre il lago Kölmjärv. L'incidente del 19 luglio fu uno dei quattro incidenti segnalati in un arco di tempo di cinque ore. Stranamente, tutti si verificarono in laghi remoti. Era strano, considerando che la Svezia ha vaste distese di terra. Statisticamente, almeno uno degli oggetti avrebbe dovuto schiantarsi su terraferma. Eppure nessuno lo fece. Il modello sconcertò sia le autorità che i civili, e l'incidente sfidò ogni spiegazione convenzionale.

Quella sera, la polizia locale e il personale della Guardia Nazionale hanno isolato l'area. Il giorno seguente, il tenente Karl-Gösta Bartoll del Corpo degli Ingegneri dell'esercito svedese è arrivato con una squadra per condurre un'indagine ufficiale. Nel corso di tre settimane, i militari hanno condotto una ricerca approfondita, esaminando ogni giorno circa 21.000 piedi quadrati del fondale del lago. Hanno utilizzato sonde elettriche, attrezzature minerarie, metal detector e contatori Geiger, raccogliendo più di 35.000 campioni.

Nonostante lo sforzo esaustivo, tutti i materiali raccolti furono identificati come presenti naturalmente nella zona: non fu trovato nulla di estraneo. Nessun relitto, nessun detrito. Bartoll riferì in seguito che il fondale del lago mostrava segni di disturbo, ma ipotizzò che l'oggetto potesse essersi disintegrato al momento dell'impatto, essendo forse realizzato con un materiale leggero come la lega di magnesio.

L'incidente di Kölmjärv faceva parte di una più ampia ondata di avvistamenti aerei inspiegabili avvenuti in Svezia nel 1946. Quell'estate, in tutto il Paese furono registrati ben 30 incidenti simili. In nessuno di questi casi furono mai recuperati i rottami. In risposta, l'esercito svedese classificò questi oggetti aerei non identificati come "razzi fantasma" e istituì uno speciale Comitato per i razzi fantasma per studiarli ulteriormente. Sebbene alcuni avvistamenti furono alla fine attribuiti a meteore, il comitato ammise che altri, come l'evento del lago Kölmjärv, non potevano essere spiegati da fenomeni naturali o da velivoli conosciuti. Il radar e altri strumenti avevano rilevato anomalie, ma nessuna che chiarisse l'origine o la natura di queste misteriose intrusioni.

2

Capelli d'angelo, Oléron, Francia, 1952

Il 17 ottobre 1952, appena fuori dalla città di Oléron, nel sud-ovest della Francia, gli abitanti del luogo si trovarono di fronte a uno spettacolo davvero insolito. Qualcosa si stava avvicinando lentamente alla città, superando i residenti e dirigendosi dritto verso il college locale.

Jean-Yves Prigent era il preside di un liceo nella città di Oléron, una piccola città nella regione basca, i Paesi Baschi. Ignaro di ciò che stava accadendo nel cielo, Prigent stava tornando a casa per pranzo. La sua famiglia viveva in una casa situata nel terreno della scuola. La famiglia Prigent era molto rispettata all'interno della comunità. Anche sua moglie era un'insegnante e avevano tre figli piccoli.

All'ora di pranzo, Prigent chiamò suo figlio Jean per farlo sedere a tavola. Ma Jean non si mosse. Rimase invece in piedi vicino alla finestra e disse: "Vieni, papà! È fantastico!".

Unendosi al figlio, Prigent vide uno strano oggetto di forma cilindrica ai margini del campus. Era fuori posto, molto insolito e chiaramente non era un aereo. Dopo pochi istanti, il cilindro ricominciò a muoversi, questa volta verso di loro. L'oggetto si posizionò lentamente direttamente sopra il campus scolastico con un'inclinazione di 45 gradi.

«Che cos'è?» «Non ne ho idea. Ma si sta avvicinando».

Prigent chiamò sua moglie alla finestra e lei si unì a lui insieme agli altri due figli. Videro che il cilindro era circondato da diversi oggetti più piccoli, che presto si fusero con il cilindro più grande. Questi piccoli oggetti assomigliavano a minuscole nuvole. Nonostante avesse una visione chiara dalla finestra, Prigent voleva vedere più dettagli, quindi prese il binocolo. Attraverso di esso, si rese conto che gli oggetti non erano piccole nuvole soffici. Vide invece una sfera rossa circondata da un disco giallo. Pochi secondi dopo, il grande oggetto sembrò espellere qualcosa nell'atmosfera.

Suo figlio indicò il cielo ed esclamò: "Guarda, sta cadendo!". Qualcosa che sembrava fumo bianco usciva dall'oggetto. Tuttavia, questo fumo non si comportava come il fumo normale: non saliva nell'aria. Al contrario, scendeva lentamente verso il suolo. Incuriosita, la famiglia si precipitò in giardino per capire cosa stesse succedendo.

La sostanza espulsa dal cilindro cadde a terra e sui rami degli alberi. La raccolsero, la manipolarono e cercarono di capire cosa fosse. E Prigent non fu l'unico ad accorgersene. Lui e la sua famiglia videro che altri membri della comunità scolastica si erano già radunati e stavano anche loro cercando di indagare e identificare il misterioso materiale.

Gli oggetti che emettevano la sostanza luminosa fluttuavano sopra le loro teste. Il materiale che cadeva a terra era sia solido che vaporoso e formava lunghi filamenti. Alcuni descrivevano i filamenti come simili a fibre di nylon, mentre altri li paragonavano a ragnatele bianche e delicate.

Poiché questo evento ebbe luogo in una comunità di insegnanti, molti iniziarono a esaminare il materiale con spirito di curiosità scientifica. Lo raccolsero e cercarono di manipolarlo, desiderosi di determinarne la natura. Piuttosto che spaventarsi, ne furono incuriositi.

Uno degli insegnanti ha persino condotto semplici esperimenti sul materiale e ha provato a bruciarlo. Bruciava come il cellophane o il cotone, ma a differenza del cotone naturale, si incendiava rapidamente e facilmente. Gli esperti di UFO hanno poi dato un nome a questo strano materiale, che è diventato noto come "capelli d'angelo". La teoria principale suggeriva che i capelli d'angelo si formassero quando l'aria ionizzata fuoriusciva da un campo elettromagnetico che circondava un velivolo non identificato. Ma c'erano altre spiegazioni.

La teoria principale sui capelli d'angelo suggeriva che si trattasse di ragnatele o di seta di ragno, che gli UFO osservati nel cielo fossero in realtà giganteschi gruppi di ragni che migravano in autunno. Durante il loro viaggio, tessevano fili di seta che alla fine cadevano a terra.

Alcune persone tentarono di raccogliere dei campioni da portare in laboratorio. Tuttavia, la cosa strana era che il materiale si dissipava da solo nel tempo. Questo fenomeno era stato segnalato in molti casi di capelli d'angelo: qualunque cosa producesse la misteriosa sostanza non sembrava mai durare a lungo.

L'oggetto grande e quelli più piccoli lasciarono gradualmente la scena, scomparendo in lontananza. Gli strani velivoli furono visti per l'ultima volta dirigersi verso est, in direzione di Tolosa, e con la loro scomparsa scomparvero anche i capelli d'angelo. Tutto si era dissolto. La famiglia Prigent e la comunità scolastica rimasero con un mistero irrisolto e sconcertante.

Molti confutarono la teoria dei ragni trasportati dall'aria, sostenendo che le ragnatele non evaporavano nel modo in cui era stato osservato scomparire il materiale filamentoso a Oléron. Cinque giorni dopo, il mistero si ripeté nella vicina città di Tarbes, dove oggetti volanti simili lasciarono dietro di sé una scia identica di strano materiale. Una serie di eventi quasi identici si verificò a Gaillac, in Francia, dieci giorni dopo.

Quando i capelli d'angelo furono finalmente analizzati in laboratorio, si scoprì che contenevano silicio, calcio, magnesio e boro, tutti minerali comunemente presenti nella crosta terrestre. Tuttavia, il motivo per cui questi elementi apparivano improvvisamente e si legavano insieme in fibre rimaneva sconosciuto.

3

Avvistamento di massa a Tananarive, Madagascar, 1954

Il 16 agosto 1954, ad Antananarivo (nota anche come Tananarive in francese), in Madagascar, la maggior parte dei cittadini viveva nella vivace capitale. Tra loro c'era Edmond Campagnac, dirigente di una compagnia aerea ed ex pilota francese che si era trasferito a migliaia di chilometri da casa. Campagnac ricopriva il ruolo di direttore tecnico della divisione Madagascar di Air France. Era un esperto tecnico molto rispettato, intelligente e altamente qualificato. Inoltre, era un ex ufficiale di artiglieria.

Campagnac e i suoi colleghi stavano aspettando un aereo postale in ritardo, il loro principale collegamento con il mondo esterno. A quel tempo, il Madagascar era ancora una colonia francese, con servizi regolari dalla Francia che consegnavano la posta ogni giorno. Anche se Tananarive non era Parigi, era ben lontana dall'essere una località rurale isolata. Era una città vivace con una popolazione numerosa e una scena sociale attiva.

Quella sera, Campagnac e i suoi colleghi attraversarono il mercato principale della città per recarsi in un caffè all'aperto. Era il tramonto, intorno alle 18:00, con un cielo sereno. Le strade erano affollate di gente e il gruppo scelse un tavolo che offriva una vista libera del cielo. Mentre si rilassavano, chiacchieravano delle lettere che avevano ricevuto e si scambiavano notizie su familiari e amici.

All'improvviso, Campagnac notò qualcosa di strano nel cielo.

"Che cos'è quello?", chiese.

I suoi colleghi alzarono lo sguardo. Quello che videro sembrava un oggetto verdastro che scendeva dal cielo in diagonale.

"È l'aereo postale che sta tornando?", ipotizzò uno di loro.

"Non è un aereo che ho mai visto", rispose un altro.

Campagnac inizialmente pensò che fosse un meteorite, pronto a schiantarsi. Lo guardarono scendere, sempre più vicino. Nel 1954 non c'erano satelliti che potessero cadere dal cielo, quindi un meteorite sembrava la spiegazione più logica.

Non furono solo Campagnac e i suoi colleghi a vederlo. Centinaia, forse migliaia di testimoni, osservarono il fenomeno. La paura si diffuse rapidamente. Una grande meteora che si schiantava sull'isola del Madagascar, specialmente sulla sua capitale, avrebbe potuto causare una catastrofica perdita di vite umane.

Mentre l'oggetto si muoveva sopra le loro teste e attraverso la città, accadde qualcosa di straordinario. Le luci cominciarono a tremolare. Poi, il misterioso oggetto sfrecciò direttamente sopra il mercato all'aperto e scomparve dietro un tetto. Tutti si prepararono, aspettando il fragore assordante dell'impatto.

Ma l'impatto non ci fu.

Con loro grande stupore, l'oggetto riapparve nel cielo, librandosi proprio sopra di loro. Si avvicinò, questa volta chiaramente visibile. Quello a cui stavano assistendo non era un meteorite. Era un velivolo dall'aspetto incredibilmente insolito.

Il panico attanagliò la folla. Cosa avrebbe fatto? Avrebbe fatto loro del male? Nessuno aveva una risposta. La paura e l'incertezza riempivano l'aria. La gente per strada era in preda al panico. La maggior parte dei visitatori del mercato fuggì, ma alcuni, tra cui Campagnac e i suoi colleghi, rimasero a guardare.

L'oggetto non si muoveva molto velocemente. Si librava a poche centinaia di metri sopra le loro teste, dando loro tutto il tempo per osservarlo. Qualunque cosa fosse, aveva una struttura a forma di losanga o di disco, delle dimensioni approssimative di un piccolo aereo. Dietro di esso si trascinava una scia di scintille rosso-arancio, simili allo scarico di un motore a reazione o a qualche forma di combustione chimica. Eppure, stranamente, l'oggetto non emetteva alcun suono.

Campagnac era completamente affascinato. Cercò di identificarlo usando la sua conoscenza degli aerei, ma la risposta era chiara: non assomigliava a nulla che avesse mai visto prima.

All'improvviso, tutte le luci si spensero. L'intera città di Tananarive fu immersa in un blackout totale che durò dieci minuti.

"Cosa sta succedendo?", chiese ansiosamente uno dei colleghi di Campagnac.

"Penso che abbia interrotto l'alimentazione", rispose Campagnac, con voce piena di inquietudine.

Sembrava che il velivolo avesse creato un campo che aveva interrotto la rete elettrica sottostante. A metà degli anni '50, nessun paese, nemmeno gli Stati Uniti o l'Unione Sovietica, disponeva della tecnologia necessaria per ottenere un tale effetto.

Poi, con la stessa rapidità con cui si erano spente, le luci tornarono ad accendersi. Quando la gente guardò di nuovo verso il cielo, il misterioso velivolo era scomparso.

Incredibilmente, entro due o tre minuti dalla sua scomparsa, un oggetto identico o forse lo stesso fu segnalato 93 miglia più a sud, sempre sull'isola del Madagascar. Non fu solo Campagnac a vederlo. Numerosi altri cittadini francesi e malgasci descrissero lo stesso oggetto con dettagli sorprendentemente simili: un velivolo che non avrebbe dovuto esistere, ma che innegabilmente esisteva.

Essendo una persona con una formazione tecnica e una mentalità scientifica, Edmond Campagnac non aveva modo di spiegare l'avvistamento utilizzando le conoscenze o la terminologia che gli erano familiari. L'intera esperienza era così strana per lui che, dopo averci riflettuto a lungo, l'unica conclusione a cui poté giungere fu che potesse trattarsi di un velivolo alieno di qualche tipo.

Le notizie sull'evento attirarono rapidamente l'attenzione ben oltre i confini del Madagascar. I comandanti dell'aeronautica militare francese di stanza in

Madagascar avviarono prontamente un'indagine sull'avvistamento. Sebbene il loro rapporto non fosse stato reso pubblico, alla fine attirò l'attenzione del futuro presidente francese Charles de Gaulle. Il suo interesse duraturo per il caso contribuì in seguito alla creazione del GEIPAN, un'unità all'interno dell'agenzia spaziale francese dedicata allo studio dei fenomeni aerospaziali non identificati.

Nel 1964, dieci anni dopo l'avvistamento, il GEIPAN riaprì il caso, intervistando diversi testimoni. Ognuno di loro descrisse in modo coerente di aver visto lo stesso oggetto verde brillante quella notte. L'indagine concluse che si erano verificati due avvistamenti a 93 miglia di distanza l'uno dall'altro. Se si fosse trattato di un unico oggetto, avrebbe dovuto viaggiare a una velocità superiore a 1.800 miglia all'ora per coprire quella distanza nel tempo riportato.

4

Avvistamento a Levelland, Texas, 1957

Il 2 novembre 1957, gli amici e colleghi agricoltori Pedro Saucedo e Joe Salaz stavano tornando a casa dopo una rara serata libera. Pedro e Joe lavoravano insieme nella stessa fattoria. Era sabato sera e avevano trascorso la serata a Levelland, in Texas, divertendosi prima di mettersi in viaggio per tornare a casa.

Levelland era esattamente come sembrava: pianeggiante, piatta e liscia come il piano di un tavolo. Quando lasciarono la città, stavano guidando verso ovest sulla Farm Road 115, un tratto piuttosto isolato e buio dove erano quasi soli sulla strada.

Rilassati in macchina, Pedro e Joe scherzavano sulle loro vite e sulle loro famiglie. All'improvviso, videro una luce brillante nel cielo, qualcosa di insolito che attirò immediatamente la loro attenzione. Era troppo luminosa per essere un pianeta o una stella. Man mano che si avvicinavano, si resero conto che non era solo una luce, ma un oggetto di forma cilindrica.

"Oh Dio, cos'è quella cosa? Sta venendo proprio verso di noi!"

"Joe, calmati!"

La paura li attanagliò mentre l'oggetto si avvicinava, diventando sempre più grande ogni secondo che passava. Entrambi cominciarono a farsi prendere dal panico, pensando che dovevano andarsene da lì. Ma proprio mentre stavano per reagire, accadde qualcosa di strano. Il motore del loro camion si spense, i fari si spensero e rimasero completamente al buio, tranne che per la luce accecante dell'oggetto che si avvicinava.

"Pedro, cosa sta succedendo?"

"Non lo so!"

L'oggetto, la luce, si dirigeva dritto verso di loro ed era enorme. Qualunque cosa fosse, l'oggetto si librò presto direttamente sopra il loro camion in panne. Nel corso della storia degli UFO, centinaia di persone hanno riferito che i loro veicoli sono stati influenzati da oggetti volanti non identificati. L'esperienza di Pedro e Joe era molto simile a queste altre testimonianze.

Pedro non sapeva se fosse sotto attacco o se fosse qualcosa di personale. Tutto quello che sapeva era che doveva scappare. In preda al panico, Pedro si tuffò fuori dal camion per proteggersi. Joe, invece, rimase immobile, pietrificato e incapace di muoversi.

Mentre Pedro cercava di nascondersi, l'oggetto sembrò concentrarsi su di lui. Si librò proprio sopra di lui e un potente raggio di luce brillò direttamente sulla sua posizione. La luce divenne intensamente brillante, così accecante che era difficile guardarla. Allo stesso tempo, una raffica di vento o una forza invisibile emanò dall'oggetto.

Pedro avvertì un calore intenso e udì un sibilo. Sentì l'aria sfrecciare accanto a lui, come se provenisse da un sistema di scarico. Era simile al getto di un motore a reazione, rovente e abbastanza potente da generare una forte raffica di vento. Sopraffatto dalla paura, Pedro pensò che l'oggetto gli avrebbe fatto del male.

Improvvisamente, l'oggetto schizzò in cielo a una velocità estrema. Volava più veloce di qualsiasi cosa potesse volare a quelle altitudini. Pedro stimò che la sua velocità fosse compresa tra i 600 e gli 800 mph. Quando si alzò in piedi, l'oggetto stava già muovendosi rapidamente, continuando ad accelerare fino a scomparire in lontananza.

Con il velivolo ormai fuori portata, il camion tornò in vita. Pedro barcollò fino al veicolo, avviò il motore e l'impianto elettrico ricominciò a funzionare. Le luci si riaccendero, il motore ruggì e riuscirono ad allontanarsi in un luogo dove si sentivano più al sicuro.

Si recarono al telefono più vicino nella città più vicina e chiamarono l'ufficio dello sceriffo di Levelland. L'agente A.J. Fowler, che era di turno al banco notturno, rispose alla loro chiamata.

"Sceriffo della contea."

"Salve, Polizia della contea, devo segnalare un incidente avvenuto sulla I-115!"

"Sta segnalando un incidente?"

"No, no, nessun incidente!"

Spaventato, Pedro descrisse ciò che era successo loro: una grande luce che li aveva quasi colpiti, muovendosi a circa 800 miglia all'ora. L'agente Fowler chiese quindi una descrizione dell'oggetto che avevano osservato, ma Pedro non ne aveva idea. Inizialmente, Fowler non prese sul serio la segnalazione di Pedro. Essendo un agricoltore part-time ispanico in Texas, Pedro non era qualcuno che Fowler considerava un testimone credibile, e pensò che si trattasse di una bufala.

Tuttavia, poco dopo la chiamata di Pedro e Joe, lo sceriffo e il suo vice si resero conto che avrebbero dovuto prendere più sul serio la segnalazione. Quella stessa notte, arrivarono quasi una dozzina di altre segnalazioni all'ufficio dello sceriffo, tutte descrivevano incidenti simili di veicoli colpiti da UFO. Tra i testimoni c'era lo sceriffo Weir Clem, che vide un oggetto rosso brillante muoversi nel cielo all'1:30 del mattino del 3 novembre mentre indagava sull'incidente. All'1:45 del mattino, anche il capo dei vigili del fuoco di Levelland, Ray Jones, riferì di aver visto uno strano oggetto dopo che il suo veicolo si era improvvisamente fermato. Questa ondata di avvistamenti divenne nota come la tempesta UFO del 1957.

La notte del 2 novembre, la polizia del Texas occidentale ricevette un totale di 15 telefonate da cittadini locali provenienti da almeno 13 località diverse. Quella stessa notte, avvistamenti simili furono segnalati a White Sands, nel New Mexico, a 310 miglia di distanza. In totale, i testimoni in tutto il sud-ovest americano segnalarono circa 118 avvistamenti durante il mese di novembre, un terzo dei quali riguardava interferenze con veicoli. Oggi, l'avvistamento di

Levelland è considerato il primo di decine di casi di interferenza con veicoli segnalati nel 1957.

5

Gli avvistamenti di Gill, Papua Nuova Guinea, 1959

I l 26 giugno 1959, a Boianai, in Papua Nuova Guinea, l'insegnante Stephen Moi si recò alla locale scuola missionaria anglicana, situata nel cuore della fitta foresta pluviale. Era buio e l'atmosfera era terrificante. Attraverso le fessure tra i rami degli alberi, Moi percepì una luce brillante che aleggiava sopra di lui. Troppo spaventato per fermarsi e indagare, corse più veloce che poté verso padre William Gill alla Mission House.

Padre Gill era il sacerdote anglicano responsabile dell'istruzione e di altri servizi comunitari. Di recente aveva documentato strani avvistamenti che la popolazione locale riteneva fossero navi provenienti da un altro mondo. Per Stephen Moi, questo era il secondo avvistamento del genere in meno di una settimana. Quando raggiunse padre Gill, era in preda al panico e gli disse che la strana luce era tornata.

Padre Gill era scettico, ma abbastanza aperto mentalmente da considerare una serie di possibilità su ciò che poteva essere successo.

"Forse è solo Venere?", pensò. Padre Gill ipotizzò che l'avvistamento di Moi, insieme ad altri, potesse essere stato causato da Venere. Essendo il pianeta più luminoso, Venere a volte può sembrare scintillante o danzante a causa della rifrazione atmosferica.

"No, non è così. È più vicino", insistette Moi.

Determinati a vedere più chiaramente, si diressero verso la spiaggia. All'arrivo, individuarono una luce brillante a nord-ovest, qualcosa che padre Gill trovò immediatamente insolito. Una cosa era chiara per lui: non era Venere. Infatti, poteva vedere Venere a sinistra dell'oggetto misterioso. All'inizio si chiese se potesse essere un aereo, ma l'oggetto non si comportava come un velivolo convenzionale. Sembrava essere completamente solido.

Man mano che l'oggetto scendeva, potevano vedere che proiettava un alone di luce sulla parte inferiore delle nuvole, esattamente come Moi aveva visto prima. Poi, senza preavviso, il misterioso oggetto scomparve in una frazione di secondo. Era sparito, come se non fosse mai esistito.

Padre Gill tornò alla Casa della Missione per registrare tutto ciò che aveva visto. Era certo di aver visto qualcosa, ma era cauto nelle sue osservazioni e si rifiutava di trarre conclusioni definitive finché non ne fosse stato assolutamente sicuro. Ben presto fu raggiunto da una delle sue assistenti, Annie Lori Baroa, che lavorava come assistente insegnante nella missione locale.

"6:45 - Una luce bianca brillante era sospesa nel cielo a nord-ovest..." Padre Gill stava scrivendo una lettera al reverendo David Durie, preside facente funzione del St. Aidan's College di Garogarona a Dogura, per accompagnare un rapporto sul loro avvistamento UFO. Improvvisamente, fu interrotto da Moi.

"Padre, vede quello?"

Questa volta l'avvistamento era molto più vicino, a circa 150 metri dalla casa della missione. C'era un oggetto principale, ma nelle vicinanze erano visibili anche diversi oggetti satellite più piccoli.

"Che cos'è, padre?" chiese Moi con ansia.

«Forse dei satelliti?», rispose padre Gill.

I satelliti erano stati lanciati nell'orbita terrestre solo di recente. Due anni prima, il 4 ottobre 1957, l'Unione Sovietica aveva inviato nello spazio lo *Sputnik 1*, il primo satellite artificiale al mondo. All'epoca, era l'unico punto di riferimento che le persone avevano per gli oggetti che si muovevano nel cielo.

Mentre l'oggetto si avvicinava, videro una figura sul velivolo. A quel punto fu chiaro che non si trattava di un satellite. C'erano quattro figure sulla parte superiore del velivolo, e queste figure sembravano essere piuttosto grandi. Chi erano? Ma prima che qualcuno potesse rispondere a questa domanda, l'oggetto li superò e attraversò la baia. Fu visto anche da altre persone, circa 38 in totale.

La sera seguente, padre Gill scrisse un rapporto ai suoi superiori, ancora convinto che ci fosse una spiegazione logica per ciò che aveva visto la notte prima. In quel momento, l'urlo di Annie Lori interruppe la sua scrittura.

"Padre, padre! È tornato!"

"Dove?"

"Sulla spiaggia!"

Sulla spiaggia, Stephen Moi e altri si erano già radunati. Stavano osservando quello che sembrava essere lo stesso oggetto, compresa la misteriosa forma sulla sommità, e non era solo. Ancora una volta, quattro figure sulla sommità del velivolo erano chiaramente visibili a tutti quelli che si trovavano sotto. Queste figure erano piuttosto grandi e la gente cominciò a chiedersi chi fossero. Chi erano?

"Potrebbe trattarsi di militari", suggerì padre Gill. Continuava a insistere che potesse trattarsi di un qualche tipo di velivolo avanzato o esotico degli americani. Non era passato molto tempo dalla seconda guerra mondiale e gli Stati Uniti mantenevano una presenza significativa nella regione del Pacifico.

Determinato ad avviare una comunicazione, padre Gill guardò l'oggetto e agitò le mani verso il velivolo. Inaspettatamente, accadde qualcosa di straordinario: una delle figure si spostò verso il bordo e sembrò ricambiare il saluto. Sembrava che le figure sul velivolo stessero salutando le persone sottostanti e che il gesto di padre Gill avesse suscitato una risposta.

Poi, il velivolo si allontanò dalla vista dirigendosi verso la Casa della Missione. Seguendo padre Gill, tutti tornarono alla Casa della Missione.

Nel complesso, a 330 piedi dalla Mission House, il velivolo rimase sospeso in silenzio, come se aspettasse un ulteriore contatto. Padre Gill decise di provare un altro esperimento: accese la torcia, la puntò verso il velivolo e la agitò lentamente avanti e indietro. Con grande stupore di tutti, l'oggetto iniziò a muoversi con un movimento lento, simile a quello di un pendolo, sembrando imitare il movimento della torcia elettrica. Dopo alcuni istanti, l'oggetto si spostò gradualmente verso la copertura nuvolosa e scomparve davanti alla folla.

Questo fu uno dei 60 avvistamenti UFO segnalati in poche settimane nella zona della Papua Nuova Guinea. Alla fine, 38 persone, tra cui padre Gill, gli insegnanti Stephen Moi e Ananias Rarata e la signora Nessle Moi, si riunirono per osservare l'UFO principale. In totale, 25 testimoni firmarono il rapporto di padre Gill che documentava gli strani avvistamenti del 26 e 27 giugno 1959.

Sei mesi dopo l'evento, il personale dell'aeronautica militare intervistò padre Gill e attribuì ciò che aveva visto a un fenomeno celeste, in particolare al pianeta Venere. Sostennero che la miopia di padre Gill lo aveva portato a un errore di identificazione. Tuttavia, quella spiegazione non teneva conto degli altri 25 testimoni che avevano firmato il rapporto.

Per padre Gill, riflettendo sugli eventi nel corso dei decenni attraverso la lente delle sue credenze religiose, gli avvistamenti potrebbero essere sembrati un'esperienza angelica. Gli avvistamenti del 1959 in Papua Nuova Guinea portarono a una delle prime testimonianze credibili di extraterrestri nella storia degli UFO.

6

Avvistamento nella stalla, Moe, Australia, 1963

Il 15 febbraio 1963, a Willow Grove, vicino a Moe, Victoria, Australia, l'agricoltore Charles "Charlie" Brew e suo figlio Trevor Brew iniziarono una nuova giornata di lavoro. Moe era una piccola città di circa 2.000-3.000 abitanti nella parte orientale dello stato di Victoria, a circa 81 miglia a est-sud-est di Melbourne.

Charlie Brew e la sua famiglia gestivano un allevamento di bovini da latte, mungendo ogni giorno circa 70-80 capi. Charlie era una figura ben nota e rispettata nella piccola comunità locale di Willow Grove. Come quasi tutte le mattine, Trevor aiutava suo padre nella mungitura.

Mentre lavoravano, Charlie sentì uno strano rumore provenire da est. Sembrava il suono di un vento ululante, un rumore inquietante e distintivo.

"Cos'è questo rumore?"

"Non lo so. È davvero strano", rispose Trevor.

Charlie guardò fuori, cercando la fonte del rumore, ma non vide nulla di insolito. In quel momento, gli animali della fattoria cominciarono a comportarsi in modo strano. Sembravano estremamente agitati, si muovevano nervosamente e muggivano. Qualcosa li aveva chiaramente disturbati. In molti altri casi di UFO, gli animali hanno reagito in modo simile, come se percepissero l'avvicinarsi di qualcosa di innaturale.

Il rumore lamentoso si fece più forte e poi, all'improvviso, Charlie vide qualcosa emergere dalle nuvole basse e volare verso la fattoria. L'oggetto si avvicinava da est con un angolo ripido, muovendosi piuttosto lentamente. Charlie scartò rapidamente l'idea che si trattasse di un aereo. Afferrò il cappotto e uscì dalla stalla per vedere meglio, determinato a identificare qualsiasi cosa fosse.

In piedi nello spazio aperto fuori dalla stalla, Charlie finalmente vide lo strano oggetto. Sembrava di forma rotonda e il suo primo pensiero fu che potesse trattarsi di un elicottero. Dopotutto, la sua conoscenza dell'aviazione lo portava a credere che solo un elicottero potesse volare in quel modo, emergendo dalle nuvole basse. Tuttavia, man mano che l'oggetto si avvicinava, divenne evidente che si trattava di qualcosa di completamente diverso. Non assomigliava a nulla che lui conoscesse, ed era diverso da qualsiasi cosa avesse mai visto prima.

Mentre Charlie lo guardava con stupore, l'oggetto si avvicinò a lui. Man mano che si avvicinava, appariva sempre più grande. L'oggetto finalmente si fermò proprio davanti a lui. Charlie ora capiva che non si trattava di un oggetto normale; sembrava bizzarro e strano. La base dell'oggetto sembrava ruotare in senso antiorario e aveva la classica forma di un disco volante, come due ciotole unite insieme. Inoltre, dalla parte superiore dell'oggetto sporgeva una struttura sottile simile a un'antenna.

Quasi nello stesso istante, Charlie avvertì un dolore acuto e intenso dietro gli occhi. Come spiegò in seguito, non era una persona che soffriva normalmente di mal di testa, ma questo era un mal di testa diverso da qualsiasi altro avesse mai provato. Sopraffatto dal dolore, Charlie si chinò e crollò a terra. Era spaventato e incerto su cosa sarebbe successo dopo. In quel momento, il velivolo emise un potente getto d'aria, simile a uno scarico o qualcosa di simile.

Trevor rimase all'interno della stalla mentre Charlie uscì per indagare. Quando suo padre non tornò, Trevor si preoccupò sempre di più. Sentiva il sibilo e, quando guardò fuori dalla finestra, rimase terrorizzato nel vedere suo padre a terra, che si stringeva la testa dal dolore.

"Papà! Papà! Arrivo!" gridò Trevor, precipitandosi fuori senza esitazione. Improvvisamente, l'oggetto sembrò accorgersi dell'avvicinarsi di Trevor. Indietreggiò e salì rapidamente nella bassa copertura nuvolosa. In pochi secondi scomparve dalla vista.

Nonostante il trambusto, Trevor non vide mai l'oggetto. La sua preoccupazione principale era suo padre e guardò a malapena il cielo. Tuttavia, non poteva ignorare il suono inquietante che aveva sentito. Trevor non aveva dubbi che suo padre avesse assistito a qualcosa di straordinario. Conoscendo la natura onesta e concreta di suo padre, era certo che Charlie non avrebbe mai inventato una storia, soprattutto una che riguardava un disco volante. E così, Trevor credette a suo padre senza esitazione.

Il mal di testa che Charlie aveva provato era stato piuttosto forte. Lo accompagnò fino alla fine della giornata e persistette per tutta la notte, attenuandosi gradualmente. Charlie rimase molto consapevole di quanto fosse stata breve l'esperienza, di quanto fosse stata intensa, eppure per lui era stato un incontro profondamente intenso e vivido.

L'aeronautica militare australiana e l'agenzia scientifica nazionale inviarono in seguito una squadra di investigatori alla fattoria. Charlie Brew fornì loro un rapporto dettagliato. L'Aeronautica Militare gli chiese di disegnare uno schizzo di ciò che aveva visto, e la forma e le dimensioni che descrisse corrispondevano a diverse altre osservazioni registrate. Durante la perquisizione della fattoria, gli investigatori scoprirono grandi depositi di pietra ferrosa, un composto di roccia e ferro noto per condurre energia elettromagnetica. Alcuni teorizzarono che un intenso elettromagnetismo potesse causare forti mal di testa, oltre a strani effetti luminosi nell'atmosfera.

L'Aeronautica Militare alla fine concluse che ciò a cui Charlie Brew aveva assistito era un fenomeno naturale, molto probabilmente un tornado. Tuttavia, gli investigatori UFO misero in dubbio questa ipotesi, considerando l'assenza di danni causati dal tornado nella fattoria. Per il resto della sua vita, Charlie Brew sostenne che ciò che aveva visto era un UFO.

7

L'avvistamento di Trancas, Argentina, 1963

L a notte del 21 ottobre 1963, l'oscurità era calata su una fattoria isolata chiamata *Santa Teresa*, situata appena fuori Villa de Trancas, vicino a Trancas, in Argentina. Le sorelle Yolanda Moreno e Yolié Moreno erano abituate ad affrontare gli effetti devastanti delle attività di guerriglia nella zona e quella notte si ritrovarono ancora una volta al buio.

Yolié Moreno, un'insegnante sposata con un ufficiale militare, era sola con la sorella mentre il marito era fuori per una missione militare di routine. I problemi erano già iniziati: il generatore elettrico della fattoria della famiglia Moreno si era guastato, quindi tutti avevano deciso di andare a letto presto.

Improvvisamente, verso le 21:30, la loro domestica, Dora Martina Guzmán, irruppe nella stanza. Sembrava terrorizzata e disse alle sorelle che fuori stava succedendo qualcosa di strano. Dora lavorava nella residenza da parecchio tempo ed era nota per il suo comportamento calmo, quindi la sua paura colpì le sorelle come qualcosa di altamente insolito, soprattutto perché non riusciva nemmeno a descrivere cosa l'avesse spaventata.

Quello che Dora aveva notato erano delle strane luci vicino ai binari della ferrovia General Belgrano, a circa 500 metri dalla casa. Ma il punto chiave che cercava di comunicare era che non si trattava solo di luci: c'erano delle vere e proprie macchine all'esterno, e erano scomodamente vicine alla casa. Il primo pensiero delle sorelle Moreno fu che potesse trattarsi di una jeep della guerriglia o addirittura di un carro armato. Non era chiaro di che tipo di "macchina" stesse parlando.

Yolanda e Yolié guardarono verso la ferrovia, ma inizialmente non videro nulla. Tuttavia, Dora insistette che le luci provenivano da quella direzione. Afferrando una torcia elettrica, le sorelle decisero di indagare e si diressero verso i binari. Dora, ancora visibilmente scossa, rimase indietro. C'era il timore persistente che qualcuno potesse sabotare i binari, magari anche armato.

Quando le sorelle raggiunsero un punto panoramico con una chiara visuale dei binari ferroviari a circa un chilometro di distanza, finalmente videro ciò che Dora aveva descritto. Era qualcosa di strano, qualcosa che non riuscivano a spiegare. Videro due oggetti a forma di disco, intensamente illuminati, con un raggio o un tubo di luce che li collegava come un tunnel di energia. Se si trattava di un veicolo, era diverso da qualsiasi cosa avessero mai visto prima. Un senso di pericolo crescente le pervase quando si resero conto che avevano a che fare con qualcosa di completamente sconosciuto.

Yolié decise di avvicinarsi. La loro vista non era abbastanza chiara e volevano vedere meglio qualunque cosa fosse. Mentre si avvicinavano ai binari, videro qualcosa che sembrava stranamente familiare: due deboli anelli di luce verdastra, simili ai fari di un'auto. Pensarono brevemente che potesse essere il furgone del custode che tornava a casa.

Tuttavia, quando Yolié puntò la torcia, si resero subito conto che la luce verde che stavano guardando non era affatto un furgone. Gli anelli di luce verde si alzarono improvvisamente in aria, poi si fusero e si trasformarono in un grande disco simile a una macchina, diverso da qualsiasi cosa avessero mai visto prima. Era completamente separato dagli oggetti vicino alla linea ferroviaria. Questo nuovo velivolo era enorme, con un diametro di almeno 9 metri, e sembrava avere finestre rettangolari lungo la circonferenza, il che suggeriva che potesse trasportare degli occupanti. Poi, l'oggetto emise uno strano raggio di luce. La progressione del raggio di luce era molto insolita. All'inizio emerse lentamente, poi si espanse improvvisamente in un solido tubo di luce, che sembrava comportarsi quasi come i raggi luminosi visti in *Star Wars*. Stranamente attratta da esso, Yolié allungò la mano e la mise nel raggio.

"Yolié! Cosa stai facendo? No!", gridò Yolanda allarmata, ma Yolié non rispose. Stranamente, il raggio di luce non fu influenzato dalla sua mano: non ci fu alcuna interruzione. Yolié sentì calore intorno al braccio, ma non provò alcun dolore né ustioni.

Poi, il comportamento dell'oggetto iniziò a cambiare. Una strana nebbia, accompagnata da un odore simile allo zolfo, iniziò a formarsi attorno al velivolo. Anche Dora sembrava attratta dalla misteriosa nebbia. L'oggetto iniziò a oscillare in modo evidente e, mentre continuavano a osservarlo, le luci interne iniziarono a ruotare, girando gradualmente fino a quando l'intero oggetto divenne arancione.

Improvvisamente, una lingua di fuoco esplose dalla parte inferiore del velivolo. La forza dell'esplosione scaraventò violentemente le tre donne a diversi metri di distanza. L'impatto le lasciò scosse e terrorizzate.

"Presto! Presto! Andiamo via!", gridò qualcuno. In quel momento, fecero quello che chiunque altro avrebbe probabilmente fatto: fuggirono verso casa.

L'oggetto a forma di disco iniziò quindi a scrutare la proprietà. Le sorelle erano convinte di essere in pericolo, forse sotto attacco. La famiglia si rifugiò in casa, chiudendo porte e finestre e cercando di tranquillizzare i bambini piccoli. Da una finestra, osservarono l'enorme velivolo librarsi all'esterno. Emetteva potenti luci bianche che illuminavano l'intera proprietà. Queste luci assomigliavano a tubi luminosi solidi con bordi nettamente definiti. A un certo punto, Yolié ha allungato di nuovo il braccio verso uno dei raggi, facendolo ritrarre verso l'oggetto.

Dopo circa 40 minuti, gli oggetti finalmente salirono in formazione a V e volarono via verso la Sierra de Medina, lasciando dietro di sé una fitta nebbia che rimase per ore. L'intero avvistamento durò tra i 45 e i 50 minuti. Dopo che gli oggetti scomparvero, Yolié e Yolanda incontrarono un vicino che descrisse di aver visto una strana attività luminosa sopra la loro proprietà quella stessa notte. Altrove, un medico la cui auto si era guastata sulla strada tra la fattoria Moreno e la città di Trancas riferì anche di aver visto circa 50 strane luci volare sopra la sua testa. Gli investigatori trovarono in seguito numerose piccole sfere bianche sul luogo, identificate come carbonato di calcio quasi puro.

L'incidente di Trancas è considerato uno dei casi UFO più eccezionali nella storia argentina, notevole sia per le testimonianze dettagliate dei testimoni che per le prove fisiche lasciate sul posto. Sebbene il caso abbia attirato l'attenzione dei media, gli scettici lo hanno criticato a causa di piccole incongruenze nella descrizione degli oggetti da parte dei diversi testimoni. Tuttavia, 14 anni dopo, l'incidente di Trancas è diventato una delle fonti di ispirazione per il film di Steven Spielberg *Incontri ravvicinati del terzo tipo*.

8

Avvistamento a Socorro, New Mexico, 1964

I l 24 aprile 1964, l'agente Lonnie Zamora stava aspettando nella sua auto di pattuglia accanto a una strada vicino a Socorro, nel New Mexico. Veterano con cinque anni di servizio nella polizia del New Mexico, Zamora si era costruito la reputazione di non lasciare mai che nessuno la facesse franca sotto i suoi occhi. Quel pomeriggio stava monitorando il traffico, alla ricerca di automobilisti che superavano i limiti di velocità.

Mentre ascoltava la radio, improvvisamente vide sfrecciare un'auto, quella che stava aspettando. Senza esitare, l'agente Zamora accese la sirena e i lampeggianti e si immise sulla strada all'inseguimento. Contemporaneamente, comunicò via radio la sua posizione alla centrale. Il conducente che superava i limiti di velocità non dava segni di volersi fermare, anzi, accelerò. Zamora premette l'acceleratore e gli rimase alle calcagna.

Poi, intorno alle 17:45, durante l'inseguimento, Zamora sentì un forte boato in lontananza, un rumore simile a un'esplosione, forse proveniente da una vicina baracca di dinamite. In quel momento, vide una luce molto brillante simile a una fiamma nel cielo a sud-ovest. Era un aereo in difficoltà? Che cos'era?

La luce era così insolita e volava così bassa che Zamora decise di abbandonare l'inseguimento e di indagare sull'esplosione come parte del suo dovere.

La sua ricerca di risposte lo portò nel deserto rovente. Guidò la sua auto su un crinale per avere una visione migliore di ciò che stava accadendo sotto. Dalla cima, Zamora individuò quello che inizialmente pensò fosse un'auto ribaltata, forse a causa di un incidente. Ma guardando più da vicino, si rese conto che non era affatto un'auto, bensì un oggetto lucido a forma di uovo appoggiato su quattro gambe. Assomigliava a un modulo lunare, con le gambe inclinate verso l'esterno per garantire stabilità. Zamora era perplesso: non aveva mai visto nulla di simile prima d'ora. Che cos'era?

Poi le cose divennero ancora più strane. Zamora vide due figure simili a esseri umani vestite con tute bianche emergere dall'oggetto. Si mossero rapidamente sulla sabbia e scomparvero dietro una duna vicina. Le figure sembravano più piccole degli adulti medi e non riuscì a distinguere i loro volti. Forse erano una squadra del vicino White Sands Missile Range, che stava conducendo un test su qualche veicolo segreto?

Pochi istanti dopo, le due figure riapparvero. Apparentemente consapevoli della presenza di Zamora, si ritirarono rapidamente verso il velivolo. Con un rumore sordo, scomparvero dietro l'oggetto a forma di uovo. Determinato a scoprire cosa stava vedendo, l'agente Zamora scese dalla cresta e si avvicinò con cautela allo strano velivolo.

Zamora era ora a soli 60 piedi di distanza dall'oggetto. Sul lato del velivolo vide un simbolo rosso costituito da una figura simile a un ombrello o ad arco, con una freccia e una linea orizzontale sotto di essa. Era diverso da qualsiasi insegna avesse mai visto, né a White Sands, né nell'aeronautica militare statunitense, né alla NASA, né nell'esercito statunitense, né in qualsiasi altra agenzia che conoscesse. Sebbene Zamora non fosse sicuro di cosa stesse guardando, era un agente di polizia e continuò ad avvicinarsi all'oggetto.

Improvvisamente, una fiamma bluastra esplose da sotto il velivolo, accompagnata da un forte rombo. Zamora fu preso dal panico, temendo che stesse per esplodere. Istintivamente, si voltò e corse via il più velocemente possibile. Nella fretta, gli caddero gli occhiali, il che gli rese più difficile vedere, ma anche con la vista offuscata riuscì comunque a distinguere l'oggetto che si sollevava da terra e si alzava in volo.

Il velivolo volò a bassa quota sul paesaggio desertico. Poi, senza preavviso, il rombo cessò improvvisamente. Questo di per sé era bizzarro. In genere, i veicoli terrestri come i razzi o gli aerei hanno bisogno di una potenza motrice continua per rimanere in volo. Ma questo oggetto sembrava aver spento il motore e continuava a volare silenziosamente nell'aria. Alla fine scomparve oltre le montagne vicine.

Zamora era completamente sotto shock. Non riusciva a credere a ciò che aveva appena visto. Gli ci vollero alcuni istanti per riprendersi e chiamare la centrale per segnalare l'incidente. Poco dopo, il suo amico, il sergente della polizia di Stato Sam Chavez, arrivò sul posto in risposta alla chiamata radio. Chavez capì immediatamente che Zamora era profondamente scosso da ciò che era appena accaduto.

Insieme, esaminarono il luogo dell'atterraggio e scoprirono delle prove fisiche. C'erano quattro impronte angolari nel terreno, simili a segni di una pista di atterraggio. Trovarono anche vegetazione bruciata, cespugli fumanti e una lastra di sabbia fusa, sabbia che era stata riscaldata a una temperatura così alta da diventare simile al vetro. Questi reperti suggerivano che un oggetto pesante avesse occupato l'area di recente. Inoltre, scoprirono impronte con uno strano motivo geometrico, più piccole delle impronte tipiche di un essere umano adulto.

Socorro è stato un caso unico in cui esseri simili agli umani sono stati segnalati da un testimone altamente affidabile. L'avvistamento è avvenuto in pieno giorno, con il testimone in prossimità dell'oggetto. Anche le prove fisiche erano convincenti, rendendo difficile ignorare l'incidente. Infatti, anche gli scettici hanno ammesso che l'agente Zamora aveva visto qualcosa di veramente insolito.

L'incidente fu oggetto di approfondite indagini da parte della polizia di Stato, del Progetto Blue Book dell'Aeronautica Militare degli Stati Uniti e di decine di giornalisti. Il proprietario della stazione di servizio Opal Grinder riferì che un cliente che stava facendo rifornimento all'incirca all'ora dell'avvistamento si era lamentato di un oggetto che volava a bassa quota e che aveva quasi colpito la sua auto. Grinder ricordò anche che Zamora appariva pallido, visibilmente tremante e chiaramente spaventato quando si fermò alla stazione di servizio prima che l'agente Chavez arrivasse sul posto.

Nel frattempo, l'Aeronautica Militare confermò che nessun velivolo proveniente dal White Sands Missile Range era in volo nella zona in quel momento. Un ingegnere della Northwestern University analizzò i segni di atterraggio e concluse che erano compatibili con un velivolo delle dimensioni e del peso descritti da Lonnie Zamora. Tutte le altre indagini dell'Aeronautica Militare relative a incontri segnalati con esseri umanoidi sconosciuti erano state precedentemente archiviate a causa dell'inaffidabilità dei testimoni, ma questo caso era diverso.

Il Progetto Blue Book alla fine classificò il caso Socorro come "non identificato". Altre teorie, come quella di un test del modulo lunare da White Sands o di uno scherzo orchestrato dagli studenti del vicino New Mexico Institute of Mining and Technology, furono prese in considerazione ma non trovarono prove convincenti. Ad oggi, l'avvistamento di Zamora rimane uno dei pochi incontri mai smentiti, un caso raro che ha resistito alla prova del tempo.

9

Swampcraft, Florida, 1965

Il 14 marzo 1965, James Flynn si addentrò nelle Everglades della Florida con il suo Swamp Buggy, un veicolo personalizzato progettato per navigare su terreni fangosi e pericolosi. Si accampò su un terreno asciutto, preparandosi per un weekend di campeggio.

Flynn era cresciuto vicino alle Everglades e amava trascorrere il tempo a caccia con i suoi cani. Si sentiva completamente a suo agio nella natura selvaggia. In precedenza, aveva prestato servizio come agente presso il dipartimento dello sceriffo locale. Questo viaggio aveva lo scopo di addestrare i suoi cani e godersi la solitudine delle paludi.

Mentre Flynn era seduto accanto al fuoco, i suoi cani si erano improvvisamente innervositi, reagendo a uno strano rumore. In seguito era stato descritto come un suono simile a quello di un generatore o a un lamento acuto. I cani avevano rapidamente lasciato il fuoco, correndo verso la fonte del rumore. Flynn li aveva presto persi di vista, ma non era troppo preoccupato, supponendo che stessero inseguendo un cervo, cosa che era già successa in precedenza.

Poi, senza preavviso, un forte scoppio riecheggiò dalla direzione in cui i suoi cani erano scomparsi. Il primo pensiero di Flynn fu che qualcuno potesse sparare, forse ai suoi cani. Allarmato, saltò sul suo Swamp Buggy e guidò fin dove il terreno lo consentiva. Sfortunatamente, la fitta vegetazione gli bloccò presto la strada. Determinato, Flynn scese dal veicolo e continuò a piedi, chiamando i suoi cani.

Durante la ricerca, Flynn vide una luce gialla brillante che risplendeva nel bosco. La sua prima ipotesi fu che ci fosse un altro cacciatore che utilizzava una luce insolitamente potente.

"Ehi! Ehi! C'è qualcuno?" gridò Flynn, con la voce che echeggiava nella palude.

Ma nessuno rispose. Poi, Flynn vide un oggetto muoversi a un'altitudine di circa 200 piedi. Come molti altri testimoni di UFO, inizialmente pensò che potesse trattarsi di un velivolo militare o di un oggetto sperimentale, forse proveniente da Cape Canaveral. Pensò che potesse essere un elicottero o una capsula su cui stava lavorando la NASA.

Tuttavia, il comportamento dell'oggetto era tutt'altro che normale. Si muoveva in modo irregolare, apparendo e scomparendo dalla vista, poi improvvisamente accelerò, scomparendo dietro una fila di alberi a circa 500 metri di distanza. Flynn, ormai immerso nelle Everglades senza nessuno intorno, rimase incredulo. Non aveva idea di cosa stesse vedendo, ma la sua curiosità lo spinse a indagare ulteriormente.

Affrontando l'ambiente ostile, Flynn si fece strada attraverso una fitta vegetazione, spesso impraticabile. Riuscì ad avvicinarsi a 200 metri dall'oggetto, raggiungendo il margine di una radura nella palude. Finalmente aveva una visione chiara.

L'oggetto scese, posandosi con le luci ancora accese. Flynn si ritrovò a fissare un insolito velivolo a forma di cono. La luce arancione che aveva visto inizialmente ora emanava dalla parte inferiore, illuminando il terreno sottostante. Mentre si avvicinava con cautela, notò quelli che sembravano pannelli rivettati che coprivano la superficie dell'oggetto. Nonostante avesse trascorso una vita esplorando le misteriose Everglades, Flynn non aveva mai visto nulla di simile.

Improvvisamente, un suono assordante esplose dal velivolo. Una potente raffica di vento o forza accompagnò il rumore, rendendo quasi impossibile per Flynn rimanere in piedi. Il vento sembrava un sottoprodotto di qualunque sistema di propulsione tenesse l'oggetto in volo.

Alcuni scettici suggerirono in seguito che potesse trattarsi di un jet Harrier, noto per la sua capacità di librarsi in volo. Tuttavia, i jet Harrier non erano a forma di cono, non emettevano una luce arancione dalla parte inferiore e non corrispondevano alla descrizione dettagliata fornita da Flynn. Ciò a cui Flynn aveva assistito rimaneva inspiegabile.

Nonostante la raffica di vento o qualunque cosa fosse, Flynn continuò a camminare verso l'oggetto e decise di provare a comunicare con esso agitando il braccio. Improvvisamente, si udì un forte sibilo, che pensò potesse indicare la partenza del velivolo.

Senza preavviso, un raggio di luce uscì dal velivolo, colpendo Flynn sulla fronte, appena sopra l'occhio destro. Flynn cadde a terra e provò immediatamente un dolore intenso, descrivendolo come se fosse stato colpito da una mazza. In quel momento, perse conoscenza.

Quando Flynn riprese conoscenza, si rese conto di essere fisicamente cieco. Non riusciva a vedere nulla, conseguenza diretta dell'impatto sulla fronte. Dopo alcuni minuti, ha cominciato lentamente a recuperare la vista, principalmente nell'occhio sinistro. Ha stimato di essere rimasto incosciente per 12-14 ore. Mentre osservava l'ambiente circostante, ha notato che il velivolo era scomparso. Tuttavia, l'area in cui era rimasto sospeso mostrava chiari segni di disturbo, tra cui erba bruciata, vegetazione danneggiata e alberi graffiati. Radunando i suoi cani, Flynn ha lasciato la palude per cercare assistenza medica.

Sebbene si trattasse di un caso con un unico testimone, la relazione di Flynn si distinse per le prove fisiche. Le sue ferite furono verificate dai medici e corrispondevano alla sua versione dei fatti. Gli esami rivelarono una compromissione della vista, palpebre gonfie e un'abrasione sulla fronte. Inoltre, Flynn non superò il test dei riflessi tendinei, il che suggeriva un possibile danno ai nervi che comprometteva la connessione tra il midollo spinale e i muscoli.

Durante la convalescenza in ospedale, Flynn ricevette la visita di funzionari dell'Air Force. Nonostante le loro assicurazioni di un'indagine, non fu mai condotto alcun seguito. Determinato a documentare l'evento, Flynn tornò in seguito sul luogo dell'incontro con quattro abitanti del luogo. Trovarono i segni di bruciature ancora visibili sul terreno. Il gruppo scattò fotografie dell'area e raccolse campioni di terreno, che inviarono all'Air Force. Tuttavia, non ricevettero mai una risposta.

Sebbene Flynn alla fine abbia riacquistato i riflessi e la vista parziale in un occhio, l'altro è rimasto permanentemente danneggiato.

10

L'incidente di Exeter, Exeter, New Hampshire, 1965

Il 3 settembre 1965, Norman Muscarello trascorse una piacevole serata con la sua ragazza. Aveva appena compiuto 18 anni e mancavano solo pochi giorni al suo arruolamento nella Marina degli Stati Uniti. Più tardi quella notte, decise di tornare a casa a Exeter e iniziò a camminare lungo la Route 150, sperando di trovare un passaggio. Tuttavia, era tarda notte e trovare un passaggio intorno a mezzanotte non era un'impresa facile.

All'improvviso, vide qualcosa di incredibile: una strana luce in lontananza. Norman conosceva molto bene la zona e sapeva che quella luce non avrebbe dovuto essere lì. Gli sembrò sospetta, anche se all'inizio non le prestò molta attenzione.

Con il passare della notte, la stanchezza cominciò a farsi sentire e Norman ebbe l'impressione che i suoi occhi iniziassero a giocargli brutti scherzi. Mancavano ancora più di 6 miglia prima di raggiungere la città e non aveva ancora trovato un passaggio. Verso le 2 del mattino era ancora bloccato sulla Route 150 e le sue speranze di tornare a casa rapidamente stavano svanendo rapidamente. Dopotutto, chi avrebbe dato un passaggio a un autostoppista alle 2 del mattino?

Nel frattempo, nella vicina Exeter, l'agente veterano Eugene Bertrand stava tornando dal suo giro di pattuglia. Bertrand era stato un agente di polizia a Exeter, nel New Hampshire, per diversi anni. Prima di entrare nelle forze dell'ordine, aveva prestato servizio nell'aeronautica militare degli Stati Uniti. Quella notte sembrava come tutte le altre, finché non incontrò qualcosa di insolito durante il suo pattugliamento. Si imbatté in una donna in preda al panico che si era fermata appena fuori città e gli ci vollero 15 minuti per calmarla.

Dopo aver parlato con lei, l'agente Bertrand scoprì che la donna credeva di essere stata inseguita da un grande UFO rosso che volava a bassa quota e che l'aveva seguita per diversi chilometri lungo quel tratto di strada. Nonostante il suo disagio, Bertrand rimase scettico e quando raccontò la storia ai suoi colleghi, tutti risero di cuore. Anche se gli avvistamenti di UFO erano abbastanza comuni negli Stati Uniti durante gli anni '60, l'idea di un UFO così vicino al loro ufficio sembrava difficile da credere.

Alla periferia della città, ancora a 5 miglia di distanza, Norman notò di nuovo una strana luce in lontananza, ma questa volta ce n'erano altre quattro. Queste luci mostravano uno schema insolito, lampeggiando in rosso in una sequenza 1, 2, 3, 4, 5 in avanti, poi invertendo lo schema all'indietro. Norman era certo che ciò che stava vedendo non era un aereo. Nessun aereo dell'aeronautica militare statunitense o aereo di linea commerciale utilizzava quel tipo di luce o sequenza lampeggiante.

Mentre osservava, lo schema di luci si alzò e iniziò a muoversi nella sua direzione. Ebbe la sensazione travolgente che, qualunque cosa fosse, fosse consapevole della sua presenza. Improvvisamente, le luci accelerarono verso di lui a una velocità incredibile. In preda al panico, si gettò a terra, temendo di essere colpito. L'oggetto gli passò direttamente sopra e, per un attimo, temette davvero per la sua vita. Quando Norman alzò di nuovo lo sguardo, il velivolo era volato via in lontananza e presto scomparve dalla vista.

A quel punto, Norman era estremamente agitato e desideroso di raggiungere la città per riferire ciò che aveva visto. Quando vide i fari di un veicolo arrivare dalla collina, si precipitò al centro della strada, agitando le braccia per fermare l'auto. Non aveva altra scelta.

"Fermatevi, fermatevi, fermatevi!", gridò.

Il conducente frenò bruscamente, fermando l'auto proprio davanti a lui.

"Mi porti alla stazione di polizia più vicina!" chiese Norman.

L'autista acconsentì e lo portò alla stazione di polizia di Exeter. All'interno, l'agente Bertrand e diversi altri agenti stavano chiacchierando, passando il tempo durante il lungo turno di notte, finché Norman non irruppe dalla porta, visibilmente scosso.

"C'era qualcosa, qualcosa sulla strada!" Norman Muscarello parlava a raffica, descrivendo l'incredibile e terrificante UFO che lo aveva quasi attaccato. Gli agenti di polizia, avendo già ricevuto una segnalazione di UFO da parte della donna spaventata quella sera stessa, erano ora pronti a prenderlo sul serio.

"Ricorda dove è successo?", chiese un agente.

Dopo che Norman confermò il luogo, l'agente Bertrand saltò in macchina e si recò sul posto dove Norman aveva incontrato l'oggetto. A quel punto, gli agenti non ridevano più delle segnalazioni. Erano almeno disposti a considerare che stesse accadendo qualcosa di insolito, qualcosa che valeva la pena indagare.

Mentre guidavano nella volante dell'agente Bertrand, parcheggiarono vicino alla zona in cui Norman aveva visto l'oggetto, ma quando arrivarono, l'oggetto era sparito. L'agente perquisì la zona per alcuni minuti, ma non trovò nulla di insolito. Bertrand sospettò che Norman potesse aver scambiato un aereo commerciale o un jet della vicina base dell'aeronautica militare per un UFO, ma Norman negò con fermezza questa possibilità. Le persone in quella zona conoscevano molto bene l'aspetto e il rumore degli aerei militari, e lo strano velivolo che aveva volato direttamente sopra la sua testa semplicemente non corrispondeva a quella descrizione.

Incerto sul da farsi, Bertrand contattò via radio il quartier generale. Gli fu ordinato di indagare ulteriormente, di perlustrare la zona con Norman per vedere se riuscivano a trovare qualcosa, ma la ricerca rimase infruttuosa. Bertrand cominciò a diventare scettico. Pensando che fosse probabilmente un vicolo cieco, iniziò a pensare che fosse ora di tornare indietro.

All'improvviso, sentirono il rumore di animali impazziti, principalmente cavalli che nitrivano e cani che abbaiavano e ululavano, non lontano da loro.

L'agente Bertrand afferrò la torcia e la puntò verso il campo da cui proveniva il rumore. Senza preavviso, un grande oggetto con luci rosse lampeggianti si alzò in volo.

"Che diavolo è quello?!" esclamò Bertrand, scioccato da ciò che vedeva. Senza pensarci, prese la radio e riferì: "Vedo quella dannata cosa con i miei occhi! Ripeto: oggetto in vista!"

Il centralinista chiamò immediatamente l'agente Hunt sul posto. Bertrand non si sarebbe mai aspettato di assistere a qualcosa del genere. Man mano che l'oggetto si avvicinava, riuscirono a distinguerne i contorni: sembrava rotondo, con un diametro di circa 12-14 metri, più o meno delle dimensioni di un fienile. Le luci rosse lampeggiavano con lo stesso strano schema descritto in precedenza da Norman. In quel momento, Norman capì che si trattava dello stesso oggetto e il terrore che aveva provato prima tornò a invaderlo.

L'oggetto continuò ad avvicinarsi. L'agente Bertrand, sopraffatto dalla paura e dall'adrenalina, estrasse la pistola. Era così agitato che praticamente urlò: "Sparerò! Sparerò!". Ma proprio quando la tensione raggiunse il culmine, l'oggetto iniziò ad allontanarsi. Bertrand continuò a puntare la pistola contro il velivolo, ma decise che era meglio non sparare.

A quel punto, l'agente Hunt arrivò con la sua auto di pattuglia. Anche se Hunt arrivò mentre l'oggetto se ne stava andando, lo colpì comunque come qualcosa di insolito perché capì che era diverso da qualsiasi cosa avesse mai visto prima.

"Ok, Bertrand, di cosa si tratta?" "Ehm, un UFO."

L'oggetto si allontanò e alla fine scomparve in direzione di Hampton. Gli agenti non lo inseguirono perché non c'era modo di stargli dietro. Riferirono ciò che avevano visto al quartier generale.

In questo caso, almeno cinque persone osservarono l'oggetto da luoghi diversi, descrivendolo tutte in modo completamente coerente. Due di questi testimoni erano agenti di polizia, osservatori addestrati che dovevano essere distaccati e obiettivi nei loro rapporti. Ma per Norman l'avvistamento ebbe un impatto negativo. Lo influenzò profondamente e continuò ad avere sogni inquietanti e occasionali disturbi del sonno.

In seguito, due ufficiali di una vicina base dell'aeronautica militare interrogarono Norman Muscarello e gli altri testimoni oculari. L'aeronautica militare alla fine annunciò che ciò che i testimoni avevano visto era un aereo militare che partecipava a un'esercitazione chiamata Operazione Big Blast. Tuttavia, gli ufficiali Bertrand e Hunt contestarono la spiegazione dell'aeronautica militare, insistendo sul fatto che ciò che avevano incontrato non poteva essere stato creato dall'uomo. Poiché l'aeronautica militare non poteva confermare con certezza che uno dei suoi aerei fosse responsabile degli avvistamenti, alla fine classificò l'oggetto come non identificato.

11

Palla di fuoco nel cielo, Kecksburg, Pennsylvania, 1965

L a sera del 9 dicembre 1965, un oggetto infuocato attraversò il cielo e si schiantò in una foresta vicino a Kecksburg, in Pennsylvania, una piccola comunità rurale a circa 30 miglia da Pittsburgh. Oltre a migliaia di testimoni in tutto il Midwest degli Stati Uniti e nell'Ontario, in Canada, molti abitanti di Kecksburg riferirono di aver visto la misteriosa palla di fuoco. Il luogo dell'incidente non era lontano dalla casa di Jim Romansky, un macchinista e pompiere volontario.

Romansky divenne uno dei testimoni principali del caso. Al momento dell'impatto, stava riposando a casa, ascoltando la radio. Improvvisamente, il programma fu interrotto da un bollettino di ultime notizie: un grande oggetto in fiamme era stato visto cadere dal cielo e sembrava essere atterrato in una zona boschiva della contea di Westmoreland. Romansky capì immediatamente che lo attendeva un compito importante.

Proprio in quel momento squillò il telefono. Temendo che l'oggetto potesse essere un aereo passeggeri precipitato, le autorità attivarono l'unità dei vigili del fuoco di Romansky per aiutare nelle ricerche. Senza esitare, si diresse verso il luogo dell'incidente, situato a diversi chilometri da casa sua.

Quando Romansky arrivò a Kecksburg, il capo dei vigili del fuoco e altri soccorritori erano già sul posto. I vigili del fuoco erano stati chiamati rapidamente perché qualcosa di non identificato era precipitato nel bosco e c'era la possibilità che i sopravvissuti avessero bisogno di essere soccorsi. In una piccola comunità agricola come Kecksburg, si trattava di un'emergenza su larga scala e la squadra doveva agire rapidamente.

Il capo dei vigili del fuoco elaborò rapidamente una strategia di ricerca, dividendo la squadra in piccoli gruppi per setacciare la fitta foresta. L'area era densamente boscosa e difficile da percorrere. Romansky e un altro soccorritore si separarono dagli altri e si diressero verso un burrone, torce elettriche alla mano, scrutando attentamente il terreno alla ricerca di eventuali segni di rottami.

Poi, attraverso una piccola radura, Romansky notò qualcosa di insolito. A pochi metri di distanza, parzialmente sepolto nel terreno, c'era uno strano oggetto metallico. In seguito lo descrisse come abbastanza grande da permettere a una persona adulta di camminarci intorno. L'oggetto era a forma di ghianda, lungo circa 3-4 metri e con un diametro di circa 2,5 metri. Sembrava essere fatto di metallo, con un colore oro-bronzo che brillava sotto il fascio della torcia.

Romansky capì immediatamente che non si trattava di un aereo e che sicuramente non era un meteorite. Era diverso da qualsiasi cosa avesse mai visto prima. In quel momento, si rese conto che stava guardando qualcosa di molto insolito. Che cos'era? Non lo sapeva, ma non avrebbe mai dimenticato ciò che aveva visto.

Romansky e il suo collega si avvicinarono rapidamente per cercare segni di vita. In qualità di soccorritore addestrato, Romansky rimase concentrato sulla possibilità di trovare dei sopravvissuti. Esaminarono attentamente l'oggetto, ma da quanto potevano vedere non aveva rivetti, giunture, porte o finestre. Non c'erano segni di saldature, né fusoliera, né ali: nulla che assomigliasse a un aereo convenzionale. Non trovarono nemmeno aperture da cui i passeggeri potessero entrare o uscire. L'oggetto era parzialmente conficcato nel terreno, circondato da terra e detriti. Era ancora caldo al tatto, ma non bruciava.

Durante la loro ispezione ravvicinata, Romansky notò una serie di simboli insoliti incisi intorno alla base dell'oggetto a forma di ghianda. I segni erano chiaramente definiti e assomigliavano a stelle, linee spezzate e cerchi. Per Romansky era chiaro che i simboli non erano né inglesi né russi, ma sembravano piuttosto geroglifici o qualche forma di scrittura sconosciuta.

Proprio mentre Romansky stava esaminando attentamente l'oggetto, un grido ruppe improvvisamente il silenzio. Un gruppo di soldati in uniforme emerse dal folto del bosco e ordinò a Romansky e al suo collega di tornare immediatamente ai loro veicoli e di lasciare la zona. Altri soldati seguirono, mettendo in sicurezza il perimetro mentre scendevano dal pendio. L'area fu quindi sottoposta a una rigorosa quarantena militare.

Romansky era sbalordito. Non aveva idea del perché i soldati fossero improvvisamente arrivati sul posto, né aveva mai visto persone del genere nei tranquilli boschi di Kecksburg. Date le tensioni della Guerra Fredda dell'epoca, la presenza dei militari non fece che aumentare i sospetti. L'oggetto era di origine sovietica? Romansky non lo sapeva, ma sapeva che si trattava di qualcosa di grave. Lui e gli altri vigili del fuoco obbedirono agli ordini, lasciarono il bosco e tornarono alla caserma dei vigili del fuoco locale.

Ma quando Romansky arrivò alla caserma dei vigili del fuoco volontari, scoprì che era già stata occupata dal personale militare. L'edificio e l'area circostante erano stati trasformati in un posto di comando temporaneo, completo di veicoli e attrezzature militari. Quando Romansky tentò di entrare nella caserma per usare il bagno, gli fu negato l'accesso.

In quel momento, vide passare un grosso camion militare, scortato da altri veicoli militari. Sul retro del camion c'era un grande oggetto coperto da un telone. In base alla forma e alle dimensioni approssimative, Romansky pensò che fosse lo stesso oggetto misterioso che aveva visto poco prima nel bosco.

Romansky non dimenticò mai ciò che vide quella notte. Decenni dopo, voleva ancora sapere cosa fosse e sentiva che lui, e il pubblico, avevano il diritto di saperlo. Non era il solo. Più di 100 altri testimoni hanno continuato a porre la stessa domanda. Insieme, esortano il governo a essere trasparente e a rivelare la verità su ciò che accadde realmente a Kecksburg quella notte del 1965.

La ricerca di risposte continua ancora oggi. Subito dopo l'incidente, l'aviazione militare statunitense negò che qualcosa fosse precipitato nei boschi di Kecksburg. Tuttavia, gli investigatori scoprirono in seguito, utilizzando i dati del Comando spaziale statunitense e dell'Agenzia spaziale russa, che quella notte un satellite sovietico, il Cosmos 96, era rientrato nell'atmosfera terrestre. Alcuni astronomi, d'altra parte, sostenevano che l'oggetto potesse essere un meteorite composto da composti di ferro. Nel 2007, centinaia di documenti governativi sono stati declassificati, confermando la presenza di personale militare a Kecksburg quella notte. Tuttavia, molti investigatori e testimoni oculari ritengono che la verità completa non sia ancora stata rivelata.

12

Avvistamento a Horseshoe Lagoon, Tully, Australia, 1966

La mattina presto del 19 gennaio 1966, Albert Pennisi, coltivatore di canna da zucchero australiano, si svegliò da un incubo ricorrente in cui un insolito oggetto volante atterrava nella sua proprietà. Fuori, il suo cane non smetteva di abbaiare. Proprio come nel sogno, il cane sembrava disturbato da qualcosa nelle vicinanze. Ma quando Albert uscì per indagare, non vide nulla di insolito.

Più tardi quella mattina, Albert iniziò il suo solito lavoro nella fattoria. In quel momento, il suo vicino, George Pedley, passò di lì e lo salutò. George, un coltivatore di banane di 28 anni, viveva accanto alla proprietà di Albert e spesso la utilizzava come scorciatoia per raggiungere i propri campi.

Mentre George passava in auto davanti a uno degli stagni di Albert intorno alle 9:00 del mattino, sentì improvvisamente un rumore acuto. Non sapendo da dove provenisse, inizialmente pensò che potesse essere una gomma che perdeva aria. George fermò il trattore e controllò le gomme, ma tutto sembrava normale. Allora da dove proveniva quel rumore?

Ben presto si rese conto che il rumore proveniva dalla laguna stessa, uno specchio d'acqua a forma di ferro di cavallo, soggetto alle maree e ricoperto da una fitta vegetazione di erba spada, con solo poche aree aperte. Incuriosito, George si diresse verso il rumore, anche se non riusciva a individuarne l'origine esatta. Poi, senza preavviso, sentì qualcosa frusciare rapidamente tra i canneti, come se si stesse avvicinando a lui. Sorpreso, George si voltò e corse verso il suo veicolo.

Fu allora che lo vide.

Un disco volante si alzò dalle canne, proprio davanti a lui. Sembrava composto da due dischi metallici grigio chiaro uniti tra loro, con una protuberanza a forma di cupola sia nella parte superiore che in quella inferiore. L'oggetto sembrava avere un diametro di circa 9 metri e un'altezza di circa 2,7-3 metri. Dopo essere rimasto sospeso per un attimo, salì di altri 7 metri, poi si allontanò bruscamente con un angolo di 45 gradi, scomparendo quasi istantaneamente a una velocità incredibile.

George era sbalordito. Un tempo era scettico nei confronti di chi, nella zona, affermava di aver visto degli UFO, ma ora ne era lui stesso testimone. Senza esitare, corse a casa di Albert Pennisi per raccontargli ciò che aveva appena vissuto.

"Non crederai a quello che ho appena visto!", esclamò George.

"Lo so", rispose Albert Pennisi, stupito, ma stranamente non sorpreso. Aveva fatto sogni ricorrenti su strani oggetti volanti che atterravano nella sua proprietà. Una delle caratteristiche insolite spesso riportate negli incontri con gli UFO, compreso questo, è la presenza di sogni precognitivi. Queste visioni ricorrenti precedono spesso incontri ravvicinati, suggerendo un certo livello di consapevolezza subconscia di un evento imminente.

Quando George e Albert arrivarono alla laguna e si fecero strada tra i canneti, rimasero sbalorditi da ciò che trovarono. Una massa di erba spada strettamente intrecciata, larga circa 30 piedi, galleggiava sulla superficie dell'acqua, vorticando in senso orario. Assomigliava a un enorme nido fatto di erba spada, che corrispondeva in modo inquietante alle dimensioni del disco che George aveva visto pochi minuti prima. Il nido aveva un bordo ben definito, con l'erba al centro premuta più in basso nell'acqua, come se un disco rovesciato fosse sceso e l'avesse appiattita. Il disegno era inconfondibile.

Albert corse a casa a prendere la macchina fotografica. Per lui era come se il suo sogno si stesse realizzando proprio davanti ai suoi occhi. Nel frattempo, George, determinato a raccogliere prove concrete, prese la coraggiosa decisione di entrare nella laguna e indagare. Non era privo di rischi: le acque erano note per ospitare fauna selvatica pericolosa, tra cui coccodrilli e serpenti taipan, ognuno dei quali poteva rappresentare una seria minaccia per la sua vita.

Mentre George entrava in acqua, Albert tornò e scattò rapidamente diverse foto del nido vorticoso. Sotto la superficie, George notò tre impronte equidistanti sul fondo della laguna, dove le radici dell'erba spada erano state strappate. Per George, queste impronte suggerivano la presenza di gambe di atterraggio simili a treppiedi, forse lasciate dal piattino che aveva visto sollevarsi da quel punto.

Ben presto, la notizia dell'avvistamento di George si diffuse rapidamente in tutta la comunità locale. Infatti, la polizia arrivò sul posto entro le prime 48 ore e avviò un'indagine ufficiale. Il "nido a forma di piattino" di Tully fu esaminato nei minimi dettagli. Campioni di canne, fango e acqua provenienti dall'area del nido furono inviati ai dipartimenti di botanica e fisica dell'Università del Queensland per essere analizzati, ma non fu scoperto alcun elemento insolito.

In seguito, la Royal Australian Air Force avviò una propria indagine e concluse che il nido era stato probabilmente creato da un "willy willy", un piccolo fenomeno circolare causato dal vento che poteva appiattire le canne e sollevare detriti fino a 30 piedi in aria, imitando l'aspetto di un disco volante. Sebbene tali eventi eolici siano noti per verificarsi regolarmente nella regione, il tempo la mattina del 19 gennaio era stato calmo e soleggiato, mettendo in dubbio questa spiegazione.

Negli anni successivi, Albert Pennisi continuò a scoprire nidi simili nella sua laguna. Nel 1969, determinato a scoprire la causa, installò una telecamera sensibile al movimento vicino al sito. Una volta attivata la telecamera, la pellicola veniva spedita alla Kodak per lo sviluppo e l'analisi. Tuttavia, quando la cassetta fu restituita, era completamente vuota, alimentando ulteriormente il mistero.

Per quanto riguarda George Pedley, non vide mai più un altro disco volante.

13

Avvistamenti a Dexter, Michigan, 1966

Il 20 marzo 1966, a Dexter, nel Michigan, Frank Mannor entrò in casa per riscaldarsi dopo una passeggiata nei boschi del Michigan meridionale con il suo cane, Quazar. Poco prima di entrare, una strana luce nel cielo attirò la sua attenzione, ma non ci fece caso. Frank Mannor era un agricoltore, un tipo pratico e con i piedi per terra. Era pronto a trascorrere un po' di tempo con sua moglie e suo figlio Ronald.

All'interno della casa, Ronald stava guardando un film di fantascienza ambientato nello spazio, e Frank si unì a lui. Durante gli anni '60, numerosi avvistamenti di UFO in tutti gli Stati Uniti suscitarono un grande interesse pubblico. Quasi tutti nel paese seguivano il fenomeno.

In quel momento, il loro cane iniziò ad abbaiare. Frank controllò rapidamente, ma non trovò nulla di insolito, quindi tornò al film di fantascienza. Tuttavia, Quazar abbaiò di nuovo poco dopo. Questa volta, Frank decise di uscire a indagare, seguito dal figlio. Erano le 20:30.

Mentre era fuori, Frank guardò il cielo e notò qualcosa di insolito. Una luce sembrava cadere verso nord. Sebbene non fosse sicuro di cosa fosse, Frank si aspettava che colpisse il suolo. Guardarono e aspettarono l'impatto, ma la luce fece qualcosa di inaspettato: rallentò e poi si fermò sopra gli alberi.

Frank non aveva idea di cosa stesse guardando; non aveva mai visto nulla comportarsi in quel modo prima d'ora. Preoccupato, chiamò immediatamente l'ufficio dello sceriffo della contea di Washtenaw. La chiamata raggiunse i vice sceriffi David Fitzpatrick e Stanley McFadden. Frank riferì: "C'è una specie di luce qui".

I due vice sceriffi della contea di Washtenaw erano agenti esperti. Anche se la telefonata sembrava una segnalazione fasulla, la presero sul serio e procedettero con le indagini.

Sopra la fattoria di Frank, padre e figlio videro la luce muoversi rapidamente verso la palude. Decisero di seguirla e si addentrarono nella zona paludosa. Frank non sapeva se si trattasse di un aereo precipitato o se qualcuno avesse bisogno di soccorso.

Nel frattempo, anche gli agenti Fitzpatrick e McFadden avvistarono lo strano oggetto che si muoveva rapidamente mentre si avvicinavano alla fattoria. Nessuno dei due aveva idea di cosa fosse. Chiamarono immediatamente i rinforzi.

"Centrale, stiamo inseguendo una sorta di oggetto mobile sconosciuto, che si sta spostando verso est dalla U.S. Road", riferirono.

In risposta, la contea di Washtenaw inviò sei auto della polizia con dodici agenti. Insieme allo sceriffo, furono inviate nella zona anche altre unità di polizia provenienti dalle città vicine. Tutte le risorse civili disponibili erano state dispiegate. Tuttavia, l'oggetto si muoveva troppo rapidamente perché potessero stargli dietro.

Tornando a Frank, lui e suo figlio continuarono ad avanzare nella palude. La palude era pericolosa e non era il tipo di posto che chiunque avrebbe voluto attraversare a tarda notte, ma si rifiutarono di arrendersi. All'improvviso, una luce brillante apparve non lontano da loro. A circa 500 metri di distanza, Frank e Ronald videro un grande oggetto marrone a forma di sfera con una caratteristica texture in acciaio "a nido d'ape" o "trapuntata" sulla superficie. Frank stimò che fosse grande circa come una piccola automobile, con quella che sembrava essere una nebbia sospesa al di sotto di esso. Luci rosse, blu, verdi e bianche si muovevano sull'oggetto.

Frank era sorpreso. Nella sua mente pensò: *"Ok, cosa faccio adesso? Devo continuare ad andare avanti o devo tornare a casa?*

In quel momento, le luci dell'oggetto si spensero, scomparendo proprio davanti a loro, per riapparire pochi secondi dopo a circa 500 metri di distanza in un punto diverso sopra la palude. Mentre l'oggetto si muoveva, sentirono un suono acuto, "come un proiettile di fucile che rimbalzava su un oggetto". Non avevano mai visto nulla muoversi in quel modo prima d'ora.

Lo strano velivolo iniziò quindi a rimbalzare su e giù. Dopo pochi istanti, si sollevò in aria, si librò direttamente sopra di loro e sfrecciò via a una velocità incredibilmente elevata. Passò sopra i poliziotti di guardia all'altra estremità della palude.

Si scoprì che Frank non era l'unica persona ad aver visto l'oggetto. Decine di altre persone avevano riferito di aver visto un oggetto simile nei giorni precedenti l'incidente, così come il giorno successivo. Il 21 marzo 1966, intorno alle 21:00, circa 87 residenti della MacIntyre Residence Hall dell'Hillsdale College avvistarono delle luci lampeggianti che si libravano sopra l'Arboretum. Anche gli agenti di polizia di Hillsdale Harold Hess e Jerry Wise osservarono l'oggetto e tre auto della polizia furono inviate sul posto per indagare. Tuttavia, non furono in grado di identificare l'oggetto.

Nei giorni successivi, l'aviazione militare statunitense inviò l'astronomo e ricercatore di UFO J. Allen Hynek per esaminare le segnalazioni. Dopo una breve indagine, Hynek concluse che i vari testimoni avevano visto dei fuochi causati dal gas di palude, ovvero metano rilasciato dalla decomposizione della vegetazione. Il membro del Congresso del Michigan e futuro presidente Gerald Ford respinse la conclusione di Hynek e chiese immediatamente un'udienza congressuale sugli UFO. La Commissione Affari Esteri della Camera dei Rappresentanti indagò sulla questione, rendendo pubbliche alcune parti del caso, anche se non tenne le audizioni complete richieste da Ford.

Diverse organizzazioni giornalistiche inserirono gli avvistamenti UFO tra le dieci notizie più importanti del Michigan del 1966. L'opinione pubblica, compreso lo sceriffo Douglas Harvey, continuò a sostenere la versione di Frank Mannor sullo strano oggetto che aveva visto quella notte. Anni dopo, Hynek rivelò che l'Air Force lo aveva pressato affinché fornisse una spiegazione banale per gli avvistamenti. Nel 1973 fondò il Center for UFO Studies, finanziato con fondi privati, dedicato alla ricerca e all'analisi indipendente.

14

I fari che si piegano, Maryborough, Australia, 1966

Il 4 aprile 1966, un imprenditore australiano di 38 anni nel settore delle costruzioni in acciaio di nome Ron Sullivan partì per un viaggio di lavoro a lunga distanza. Sullivan, che gestiva un'azienda di lavorazione dell'acciaio, viaggiava spesso in quella parte del Victoria. Quel giorno stava guidando dalla sua città natale, Maryborough, verso una città vicina chiamata Wycheproof, un viaggio che faceva in genere due volte alla settimana.

Dopo circa un'ora di viaggio, Sullivan si avvicinò al remoto villaggio di Burke's Flat. Il villaggio era così piccolo che, se non avesse prestato attenzione, avrebbe potuto non vederlo affatto. Mentre guidava lungo la tranquilla strada di campagna nella zona rurale di Victoria, notò improvvisamente una luce nello specchietto retrovisore, che scomparve rapidamente. Pensò che provenisse da un trattore che arava di notte o da qualche altro attrezzo agricolo.

Ma poi accadde qualcosa di bizzarro alla sua auto. Una luce bianca uscì dal lato della strada e i fasci luminosi cominciarono a piegarsi in modo innaturale, come se fossero attratti magneticamente verso di essa. Invece di proiettarsi in avanti, i fari virarono verso la luce e Sullivan ebbe la sensazione che l'intera auto fosse attirata in quella direzione. Disorientato e allarmato, il suo veicolo uscì di strada e si schiantò contro un grande albero di eucalipto.

Temendo per la sua vita, Sullivan frenò bruscamente. Riuscì a fermare l'auto appena in tempo, evitando per un soffio l'incidente. Mentre riprendeva fiato e si guardava intorno, non vide alcuna traccia di macchinari agricoli o di aratura notturna. Al contrario, sembrava che una strana forza avesse preso il controllo del suo veicolo.

Scese dall'auto per indagare. A circa 30 piedi dal suolo, vide una grande macchia di luce bianca brillante di forma ovale. Sullivan era sbalordito: era qualcosa che non aveva mai visto prima. *Che diavolo è quella luce?* pensò.

Mentre la fissava, la luce bianca iniziò ad espandersi. Circa 30 piedi sotto di essa, apparve una seconda macchia di luce ovale più piccola. Tra le due macchie, un raggio color arcobaleno lampeggiava con l'intero spettro dei colori, come se l'energia o la luce si muovesse su e giù all'interno di un tubo trasparente che collegava le due.

Sbalordito, Sullivan continuò a guardare mentre la luce superiore scendeva lentamente verso quella inferiore. Quando i due ovali si allinearono, improvvisamente si spensero, scomparendo in un istante. Sullivan rimase incredulo. Scrutò l'area, cercando di individuare nuovamente le luci, ma erano scomparse completamente. Nonostante lo spettacolo drammatico, l'intero incontro durò non più di 15-20 secondi.

Sullivan era profondamente scosso. Era appena sopravvissuto a un incidente che aveva messo a rischio la sua vita e poi aveva assistito a un fenomeno straordinariamente strano e inspiegabile. Non riusciva a rimanere più a lungo in quella zona. Saltò di nuovo in macchina e si precipitò nella città più vicina.

Quando arrivò a St. Arnaud, la città successiva, Sullivan scese e ispezionò il veicolo, cercando qualcosa di evidentemente sbagliato. Ma non riuscì a trovare nulla di insolito. Tuttavia, era convinto che la misteriosa macchia di luce nel campo fosse in qualche modo responsabile della curvatura innaturale dei fari della sua auto, anche se non riusciva a spiegarne il motivo.

Lo strano comportamento dei fari di Sullivan era in linea con un fenomeno raro e poco conosciuto noto come *luce solida*. In alcuni casi di UFO, la luce si comporta come un oggetto fisico: un raggio che non diverge, non si disperde e non svanisce, ma rimane strettamente confinato, come un tubo. Nel caso di Burkes Flat, sembrava che i fari di Ron Sullivan interagissero con una luce solida di questo tipo, comportandosi in modi impossibili secondo la fisica convenzionale.

La mattina seguente, Sullivan presentò una denuncia alla polizia e informò un giornale locale. Fece anche esaminare i fari da un meccanico, ma questi risultarono in perfette condizioni.

Poi, solo due giorni dopo, il 6 aprile, si verificò un tragico incidente. Il diciannovenne Gary Taylor morì quando perse il controllo del suo veicolo e si schiantò contro un albero proprio sullo stesso tratto di strada. Un testimone che viaggiava dietro di lui affermò che Taylor aveva improvvisamente sbandato fuori strada senza alcun motivo apparente.

Il 7 aprile, Ron Sullivan e Hugh Hunter, direttore del *Maryborough Advertiser*, tornarono sul luogo dell'incidente. Lì, a circa 70 metri dal ciglio della strada, in un prato spoglio, scoprirono un'impronta a forma di piattino nel terreno. Il segno era largo circa un metro e profondo cinque centimetri, come se fosse stato scavato con precisione dal terreno sabbioso. Non c'erano detriti intorno. Ancora più sconcertante era il fatto che non ci fossero tracce umane o animali nelle vicinanze, il che suggeriva che l'impronta non fosse stata lasciata da qualcosa o qualcuno a piedi, ma sembrava piuttosto il risultato della caduta di un oggetto dal cielo.

Negli anni successivi, altre luci inspiegabili furono segnalate nella stessa zona, ma la loro vera natura rimase un mistero.

15

Avvistamento di massa a Westall, Melbourne, Australia, 1966

I l 6 aprile 1966, la dodicenne Terry Peck stava partecipando a una lezione di educazione fisica nel campo sportivo di una scuola di periferia. Era una studentessa della Westall High School (ora Westall Secondary College) di Melbourne, in Australia. Quella mattina, lei e i suoi compagni di classe stavano praticando le loro abilità calcistiche.

Improvvisamente, intorno alle 11:00, Terry notò qualcosa di strano sopra la sua testa. Alzò lo sguardo e vide un oggetto dalla forma insolita nel cielo: un velivolo grigio-argento a forma di piattino con la parte superiore a cupola, che si librava silenziosamente sopra il campo della scuola ed emetteva una tenue tonalità viola. L'oggetto sembrava essere grande circa il doppio di un'auto familiare e sembrava come se due piattini fossero stati uniti insieme ai bordi. Terry non era sicura da quanto tempo fosse lì. Sembrava essere apparso dal nulla e scivolare nel cielo senza emettere alcun suono.

In quel momento suonò la campanella della ricreazione e il resto degli studenti si riversò sul campo sportivo. Altri insegnanti, studenti e persino membri del pubblico nella zona di Westall assistettero alla comparsa dello strano velivolo. C'erano centinaia di persone a terra, ognuna delle quali intravedeva aspetti diversi dell'oggetto. Sebbene tutti avessero familiarità con i piccoli aerei che sorvolavano spesso Westall, questo velivolo era diverso da qualsiasi cosa avessero mai visto. La sua forma non assomigliava affatto a quella di un aereo e suscitava in tutti un misto di stupore e ansia. Stava per atterrare? E se lo avesse fatto, cosa sarebbe uscito da esso?

Mentre guardavano in silenzio sbalorditi, l'oggetto scese dietro un gruppo di alberi in un'area aperta adiacente alla scuola. Ne seguì il caos quando gli studenti cominciarono a correre verso il luogo per vedere da vicino. Uno degli studenti, Victor Zackry, ricordò di aver visto una folla di ragazzi appesi alla recinzione occidentale. Nel paddock oltre la recinzione, vide un oggetto a forma di disco volante librarsi appena sopra il suolo. Un insegnante lì vicino era visibilmente angosciato e gridava ai bambini di stare indietro e di non oltrepassare la recinzione.

Nonostante gli avvertimenti, Victor decise di avvicinarsi. Saltò oltre la recinzione e si posizionò direttamente di fronte all'oggetto. Sentiva l'insegnante e gli altri studenti che gli gridavano di tornare indietro, ma rimase fermo e camminò direttamente verso il velivolo. In pochi secondi, era a pochi metri di distanza.

Victor ebbe una visione incredibilmente chiara dell'oggetto. Con suo grande stupore, sembrava essere fatto di metallo, ma non mostrava segni di rivetti, viti o bulloni. Sembrava essere stato modellato da un unico pezzo di metallo senza giunture. Non ricordava di aver visto porte o portelli, ma ricordava un bagliore rosso che emanava dal velivolo. Si avvicinò così tanto che poteva sentire il calore irradiarsi dalla superficie dell'oggetto. Per un attimo, Victor pensò di allungare la mano per toccarlo, ma all'ultimo secondo la ritrasse. Nella storia degli UFO, altre persone coinvolte in incontri ravvicinati avevano subito gravi lesioni dopo essere entrate in contatto fisico con oggetti simili.

Improvvisamente, l'oggetto si alzò rapidamente in aria e poi si fermò a bassa quota. Victor non avvertì alcuno spostamento di energia, vento o pressione dell'aria mentre saliva, e non ricordava di aver sentito alcun rumore provenire dal disco volante. Era praticamente, se non completamente, silenzioso.

A diversi metri di distanza, Terry Peck stava ancora guardando. Ricordava chiaramente che, a un certo punto, il disco volante si era allontanato dalla scuola e era sceso verso un boschetto di pini. L'oggetto sembrava dirigersi verso una zona boschiva ai margini del terreno della scuola conosciuta come *The Grange*. Molti studenti seguirono l'oggetto e corsero direttamente verso The Grange.

Mentre Terry attraversava il terreno della scuola, scoprì una ragazza distesa a terra, apparentemente in stato di shock. Sembrava che la ragazza fosse svenuta e stesse appena riprendendo conoscenza. Terry cercò di scoprire cosa avesse vissuto la ragazza, ma lei non ricordava nulla di ciò che le era successo. Tuttavia, era così sconvolta che fu chiamata un'ambulanza per portarla in ospedale.

Quando Terry finalmente raggiunse la Grange, vide l'oggetto decollare ancora una volta, ruotare in posizione verticale e poi volare via a grande velocità, sempre senza emettere alcun suono. Più tardi quello stesso giorno, un giornalista di un quotidiano locale ottenne l'accesso alla Grange e fotografò degli insoliti segni circolari lasciati sul terreno.

L'incidente UFO di Westall è diventato uno degli avvistamenti UFO più avvincenti e ben documentati dell'Australia. L'intero incontro è durato più di 20 minuti e Terry e Victor, come decine di altri testimoni, lo avrebbero ricordato per il resto della loro vita. L'incidente fu indagato dalle autorità locali e da organizzazioni di ricerca sugli UFO, tra cui la Victorian Flying Saucer Research Society. Gli esperti di UFO ritengono che gli avvistamenti sia nel cortile della scuola che alla Grange siano stati testimoniati da ben 300 studenti, insegnanti e residenti locali. Nonostante le approfondite indagini, non fu mai fornita alcuna spiegazione ufficiale e l'evento rimane inspiegabile.

Il preside della Westall High School, Frank Samblebe, che non era presente durante l'avvistamento, liquidò l'incidente e avvertì gli studenti di evitare di parlare con i media. Alcuni testimoni riferirono in seguito di aver ricevuto la visita di persone in uniforme militare che li avvertirono di non parlare di ciò che avevano visto. Di conseguenza, la maggior parte dei testimoni rimase in silenzio per molti anni dopo l'incidente.

Tuttavia, nel 2005, è stata avviata una nuova indagine e il caso ha attirato nuovamente l'attenzione dei media. Quasi 90 testimoni si sono riuniti e hanno ribadito, a distanza di quasi 40 anni, di aver effettivamente visto un disco volante quel giorno.

16

La grande caccia agli UFO, Ohio, 1966

Il 17 aprile 1966, su una buia strada di campagna nella contea di Portage, Ohio, i vice sceriffi veterani Dale Spaur e Wilbur "Barney" Neff risposero a una segnalazione di un veicolo abbandonato. Spaur e Neff erano di turno durante la notte e svolgevano i loro compiti come avrebbero fatto in qualsiasi altra notte. Arrivarono presto sul posto. Spaur scese dall'auto di pattuglia per controllare l'interno del veicolo abbandonato, mentre Neff rimase all'interno per verificare i dati della targa.

Mentre Spaur si avvicinava, puntò la torcia all'interno del veicolo, ma non trovò nulla di insolito. In quel momento, arrivò una chiamata da una donna di Ravena, Ohio, a circa cinque miglia dalla loro posizione. La donna affermava di aver visto un oggetto nel cielo che assomigliava a un disco. Tutte le pattuglie dell'Ohio nord-orientale furono informate dell'avvistamento di un cosiddetto disco volante.

Anche Wayne Huston, un agente di polizia di East Palestine, Ohio, stava ascoltando le stesse comunicazioni radio. Le comunicazioni radio furono trasmesse in diverse località, raggiungendo agenti anche nella lontana Pennsylvania. Molti agenti liquidarono la segnalazione come uno scherzo, supponendo che la donna avesse scambiato il pianeta Venere per qualcos'altro. Venere, essendo l'oggetto più luminoso nel cielo oltre alla luna, veniva spesso scambiato per qualcosa di misterioso.

Tuttavia, la situazione cambiò rapidamente. Una luce brillante salì improvvisamente nel cielo e si avvicinò rapidamente al veicolo di Spaur e Neff. Man mano che si avvicinava, divenne chiaro che non si trattava affatto di Venere. L'oggetto emetteva una brillante luce blu-bianca, simile al bagliore di una saldatrice ad arco. Appariva piuttosto grande mentre si avvicinava a loro. Agli agenti sembrò che l'oggetto li stesse osservando deliberatamente, puntando un riflettore direttamente sulla loro auto.

La luce era così brillante e intensa che illuminava il terreno sottostante mentre si muoveva. Nonostante le sue dimensioni e la sua vicinanza, non si sentiva alcun rumore di motore a reazione o qualsiasi altro rumore familiare che potesse essere associato a un aereo. Il silenzio inquietante aumentò la paura degli agenti. Né Spaur né Neff avevano mai incontrato nulla di simile prima.

Dopo pochi istanti, l'oggetto ha improvvisamente compiuto una rapida ascesa, salendo a un'altitudine di circa 300 piedi. Ha poi iniziato ad allontanarsi dagli agenti. Senza esitare, Spaur ha immediatamente comunicato l'avvistamento via radio alla centrale.

"Centrale, qui è P113. Non so se sia lo stesso oggetto segnalato dalla signora, ma stiamo vedendo qualcosa qui fuori!"

"Ricevuto 13 - inseguite e indagate. Ripeto, inseguite e indagate."

Spaur e Neff ricevettero l'ordine di tenerlo sotto sorveglianza e di non perdere di vista l'oggetto finché non avessero capito di cosa si trattasse. Salirono immediatamente sulla loro auto di pattuglia, accelerarono sulla strada e inseguirono da vicino l'oggetto nel cielo.

Era un classico inseguimento al gatto e al topo. Non sapevano cosa stessero inseguendo. Anche se cercavano di raggiungerlo, non avevano idea di cosa avessero di fronte. Non stavano più guardando una semplice luce brillante, ora era un oggetto luminoso. Spaur e Neff stimarono che avesse un diametro di circa 45 piedi. Era tridimensionale e stava scappando.

L'inseguimento si trasformò in un intenso inseguimento ad alta velocità, raggiungendo velocità fino a 105 miglia all'ora su una distanza di 40 miglia.

Anche se Spaur e Neff riuscirono a tenere l'oggetto in vista, non riuscirono ad avvicinarsi. Sembrava quasi che l'oggetto stesse giocando con loro, fermandosi come se li aspettasse, proprio come un gatto aspetta un topo.

"Stiamo procedendo in direzione ovest sulla Route 14. Ci sta aspettando?"

"Non è possibile."

Mentre continuavano l'inseguimento ad alta velocità, si avvicinarono rapidamente al confine di Stato. Era chiaro che stavano per attraversare il confine dell'Ohio ed entrare in Pennsylvania. Negli Stati Uniti, un agente di polizia di uno Stato non può generalmente inseguire un veicolo in un altro Stato, poiché non ha l'autorità di far rispettare le leggi al di fuori della propria giurisdizione. Chiamarono immediatamente la centrale per segnalare la loro situazione.

Dall'altra parte, Wayne Huston non era lontano dal confine con la Pennsylvania. Ascoltò l'inseguimento alla radio e si rese conto che stavano venendo verso di lui. Quando l'auto di pattuglia di Spaur e Neff gli sfrecciò davanti, Huston mise immediatamente in moto la sua auto e si unì all'inseguimento. A quel punto, Spaur e Neff avevano inseguito l'oggetto per circa 20 miglia, ma non riuscivano ancora a spiegarsi cosa fosse.

Oltre il confine, in Pennsylvania, un altro agente, Frank Panzanella di Conway, stava monitorando le comunicazioni radio. Quando i tre agenti dell'Ohio attraversarono il confine con la Pennsylvania, Panzanella si rese conto che si stavano avvicinando alla sua posizione e si unì all'inseguimento. A quel punto, c'erano tre veicoli della polizia e quattro agenti coinvolti nell'inseguimento dello strano oggetto attraverso l'Ohio fino alla Pennsylvania. L'agente Panzanella contattò via radio l'aeroporto più vicino per avere maggiori informazioni sull'oggetto.

"Pittsburgh International, qui è l'agente Panzanella. La polizia sta seguendo una sorta di velivolo e richiede informazioni radar per lo spazio aereo vicino a Conway e al confine con lo stato dell'Ohio. Passo."

"Pittsburgh International. Attendere."

Panzanella contattò l'aeroporto internazionale di Pittsburgh per la sua vicinanza a una base aerea della Riserva. Si chiese se l'Aeronautica Militare fosse a conoscenza di ciò che stava accadendo. Con sua grande sorpresa, la risposta confermò la presenza di un oggetto non identificato.

"Il radar mostra un oggetto senza transponder nella vostra zona. Al momento non è possibile identificarlo."

Questo era significativo perché tutti gli aerei commerciali avevano transponder. Era così che gli aerei venivano identificati e guidati per l'atterraggio; era obbligatorio che avessero un transponder.

In quel momento, tutti e quattro gli agenti sentirono alla radio che erano stati fatti decollare dei jet per intercettare l'oggetto non identificato. Anche se avevano ancora il contatto visivo con l'oggetto, Spaur e Neff decisero di accostare, uscire dalla strada e aspettare che i jet prendessero il controllo dell'inseguimento. Gli altri agenti accostarono dietro di loro e scesero tutti.

I quattro agenti rimasero sulla strada a osservare l'oggetto. Questo rimase sospeso per un attimo, quasi come se stesse aspettando che gli agenti tornassero nelle loro auto e continuassero l'inseguimento. Sembrava che l'oggetto li stesse provocando. Improvvisamente, mentre i jet si avvicinavano, l'oggetto schizzò verso l'alto quasi istantaneamente, scomparendo dalla vista. Una delle ipotesi avanzate dai testimoni era che l'oggetto fosse scomparso a causa dell'improvviso arrivo dei jet. Gli agenti tornarono quindi alle rispettive stazioni, determinati a riferire ciò che avevano visto.

Il grande inseguimento UFO in Ohio divenne un caso degno di nota che coinvolse diversi agenti di polizia come testimoni. Gli agenti di polizia erano osservatori addestrati, il che li rendeva alcuni dei testimoni più affidabili. Il giorno successivo seguì un'indagine dell'Air Force, che propose la teoria secondo cui i testimoni avevano visto un pallone sonda meteorologico. Tuttavia, i dati meteorologici indicavano che il vento era troppo debole per spingere un pallone abbastanza velocemente da superare un'auto. Il Progetto Blue Book, l'unità di indagine sugli UFO dell'esercito statunitense, concluse che gli agenti avevano assistito a un'illusione ottica causata dalla combinazione di un satellite in transito e del luminoso pianeta Venere.

Tuttavia, lo stesso consulente scientifico capo del Progetto Blue Book, il dottor J. Allen Hynek, in seguito respinse questa teoria. Nonostante fossero stati oggetto di continue derisioni e vessazioni, tutti gli agenti che avevano presentato i rapporti confermarono le loro testimonianze. Due di loro alla fine consegnarono i distintivi, ma nessuno ritrattò le proprie dichiarazioni.

17

L'incidente della base aerea di Malmstrom, Montana, 1967

L a notte del 24 marzo 1967, le guardie di sicurezza aerea stavano pattugliando la base aerea di Malmstrom nel Montana. Con 200 missili, Malmstrom era il più grande complesso di armi nucleari al mondo e anche uno dei più sorvegliati.

All'unità Oscar Flight, l'attenzione della sicurezza rafforzata era concentrata sui dieci missili Minuteman puntati direttamente sulla Russia. Oscar Flight era una delle numerose unità operative sotto la giurisdizione della base aerea di Malmstrom. Ogni unità era in grado di lanciare dieci missili Minuteman, missili balistici intercontinentali in grado di raggiungere l'Unione Sovietica dagli Stati Uniti.

Alla fine degli anni '60, gli Stati Uniti erano nel pieno della Guerra Fredda e le tensioni con l'Unione Sovietica erano estremamente elevate. Entrambe le nazioni diffidavano delle intenzioni dell'altra e la minaccia di un conflitto era incombente.

Improvvisamente, il controllore di sicurezza di volo notò qualcosa di insolito durante la sua pattuglia: un oggetto rosso-arancio luminoso che aleggiava silenziosamente vicino al cancello d'ingresso della struttura di lancio. Non era chiaramente la luna, una meteora o un aereo: era qualcosa che non riusciva a identificare. Dopo aver confermato l'avvistamento con i colleghi addetti alla sicurezza, il controllore contattò immediatamente il tenente Robert Salas, che era di stanza nel centro di controllo di lancio sotterraneo. La struttura si trovava a circa 60-65 piedi sotto terra ed era progettata per resistere a un'esplosione atomica.

Il tenente Robert Salas sarebbe poi diventato il testimone chiave dell'incidente di Malmstrom. Inizialmente incerto se l'oggetto rappresentasse una minaccia reale, ordinò al controllore di sicurezza di volo di continuare a monitorarlo e di segnalare eventuali cambiamenti. Tuttavia, nel giro di pochi minuti, l'oggetto si spostò direttamente sopra la base. Il controllore di sicurezza chiamò nuovamente Salas.

"Signore, è proprio sopra di noi!"

"Metti in sicurezza il sito. Chiamerò il posto di comando. Rimani in attesa."

Ormai profondamente preoccupato, Salas si rese conto che l'oggetto si stava avvicinando pericolosamente alla struttura. Informò immediatamente il suo superiore, il colonnello Frederick Meiwald, della strana attività vicino al cancello. Durante la Guerra Fredda, un incidente come questo era considerato estremamente grave. Salas doveva prepararsi al peggio.

Poi, all'improvviso, gli allarmi cominciarono a suonare all'interno del centro di controllo del lancio. Salas controllò con ansia i sistemi e scoprì che qualcosa era andato storto con i missili 1 e 2.

"Signore, i missili 1 e 2 sono fuori uso!"

Uno dopo l'altro, i missili cominciarono a disattivarsi. Sebbene fossero perfettamente operativi e pronti al lancio, entrarono improvvisamente in una condizione di "no-go", rendendoli inutilizzabili e incapaci di lanciarsi. Con orrore del personale, altri missili cominciarono a inviare segnali di errore e in breve tempo tutti e dieci i missili persero la loro capacità di lancio. Il momento in cui si verificarono i guasti ai missili coincise esattamente con la comparsa dell'oggetto non identificato sopra le loro teste, un evento a cui assistettero le guardie di sicurezza in servizio. Il capitano Meiwald inviò immediatamente il personale militare a ispezionare tutti e dieci i missili Oscar Flight.

I missili erano sparsi nella campagna del Montana, a circa 20 miglia dalla struttura di controllo del lancio. Ogni missile era sepolto a 60 piedi sottoterra e distanziato di circa un miglio dagli altri. Se un attacco diretto avesse colpito un silo missilistico, avrebbe potuto disattivare quel singolo missile, ma non gli altri nove. Era praticamente impossibile che tutti fossero messi fuori uso contemporaneamente. Potevano essere stati i russi a disattivare le loro armi nucleari? Erano sotto attacco? All'epoca era chiaro che gli Stati Uniti non possedevano la tecnologia per disattivare a distanza i propri missili in questo modo. Se i sovietici avessero in qualche modo sviluppato la capacità di disattivare i missili, ciò avrebbe significato che gli Stati Uniti erano diventati pericolosamente vulnerabili a un attacco a sorpresa.

Le guardie militari si precipitarono al sito missilistico in cerca di risposte. L'oggetto rosso-arancio luminoso era stato visto l'ultima volta mentre si dirigeva verso il sito missilistico Oscar Flight, a 20 miglia di distanza, e si presumeva che fosse sopra i silos. Tuttavia, dopo un'ispezione approfondita dell'area, non trovarono alcuna prova di intrusione: nessun danno, nessun segno di manomissione.

Tornato alla struttura di controllo del lancio, il tenente Salas stava ancora lavorando freneticamente sulle sue liste di controllo, cercando di riportare il sistema online. Si trovava di fronte a una situazione che andava ben oltre qualsiasi cosa per cui fosse stato addestrato e nessuna delle sue procedure sembrava avere alcun effetto. L'intero sistema Oscar Flight si era spento.

Nel frattempo, sopra il silo missilistico, gli aviatori iniziarono il loro ritorno alla base. Tentarono di riferire le loro scoperte alla struttura di lancio, ma in quel momento le loro radio furono sopraffatte da interferenze statiche e divennero inutilizzabili. Come in molti altri casi segnalati di UFO, le apparecchiature elettriche sembravano essere state influenzate da un campo elettromagnetico associato all'oggetto non identificato, rendendole inutilizzabili.

Improvvisamente, una palla di fuoco rosso-arancio apparve nel cielo sopra gli aviatori. La strana luce proiettava un bagliore rossastro sul terreno e si muoveva direttamente verso di loro. Terrorizzati, gli uomini furono presi dal panico, barcollarono all'indietro e caddero a terra. Si trovarono di fronte a qualcosa di completamente sconosciuto, qualcosa che non erano mai stati addestrati ad affrontare. Con la sfera luminosa che si avvicinava, sentirono che le loro vite erano in pericolo imminente.

Poi, un attimo dopo, la luce svanì, scomparendo in un batter d'occhio. Era sparita.

Al centro di controllo del lancio, il sistema rimase spento. Salas e Meiwald non riuscirono a rimettere in funzione le armi nucleari e non riuscirono a spiegare perché non funzionassero. In quel momento, gli aviatori tornarono al centro di controllo del lancio. Il tenente Salas li incontrò e loro riferirono ciò che era accaduto al sito missilistico. Una delle guardie era così sconvolta da ciò che aveva visto che si rifiutò di continuare a lavorare nella sicurezza. Era profondamente turbato dall'esperienza di quella notte.

L'incidente di alta sicurezza scatenò un'indagine su vasta scala. Il tenente Salas affermò in seguito che l'Air Force gli aveva ordinato di firmare dei documenti che gli vietavano di parlare degli strani eventi. Salas riferì che i missili furono alla fine rimessi in funzione, anche se i registri governativi indicavano che quella notte a Malmstrom non si era verificato alcun guasto alle apparecchiature. Tuttavia, documenti riservati ottenuti grazie al Freedom of Information Act rivelarono che i dati radar della FAA avevano effettivamente rilevato un velivolo non identificato che sorvolava la base quella notte.

Poiché Salas non vide mai di persona l'oggetto, gli scettici sugli UFO continuarono a mettere in dubbio la sua credibilità. Nel 1996, Salas rese pubblica la sua versione dei fatti e, da allora, ha parlato ampiamente dell'incidente, testimoniando davanti a varie organizzazioni e scrivendo libri sull'argomento. Nel febbraio 2023, Salas ha testimoniato davanti all'All-domain Anomaly Resolution Office (AARO), segnando la prima volta che ha ufficialmente reso testimonianza davanti a un ente del Dipartimento della Difesa in merito all'incidente.

L'evento alla base aerea di Malmstrom non è mai stato spiegato ufficialmente.

18

Avvistamento alla Crestview School, Miami, Florida, 1967

Il 6 aprile 1967, alla Crestview Elementary School nella contea di North Dade, Miami, Florida, Jonathan, uno studente di quarta elementare, era perso nei giochi. Continuava a calciare il pallone da calcio, esercitando le sue abilità. A un certo punto, il pallone volò fuori nel cortile e, mentre andava a recuperarlo, gli sembrò di vedere un disco volante nel cielo. Ma proprio in quel momento suonò la campanella della scuola e lui corse in classe.

Bob Apfel era uno degli insegnanti di quarta elementare della Crestview Elementary. La campanella aveva già suonato e Bob stava cercando di far entrare i bambini in classe. Jonathan era già in ritardo e Bob voleva che entrasse il più rapidamente possibile.

All'improvviso, Jonathan vide di nuovo quella strana forma, ora in lontananza. Non sembrava che l'oggetto stesse per schiantarsi, atterrare o scendere da qualche parte vicino alla scuola: era ancora a una certa distanza. Jonathan si fermò e fissò l'oggetto.

"Cosa c'è che non va, Jonathan?"

"Signor Apfel, cos'è quello?"

Bob Apfel capì subito che si trattava di qualcosa di insolito. Con vari aeroporti nei dintorni della scuola, aveva molta familiarità con gli aerei e con il loro aspetto tipico in volo. Sia Bob che Jonathan fissarono l'oggetto, cercando di capire cosa fosse.

Poi, all'improvviso, l'oggetto scomparve. Non erano sicuri se fosse volato via così velocemente da non poterlo seguire con lo sguardo o se fosse davvero svanito nel nulla. Sia Bob che Jonathan provarono uno shock e un senso di incredulità. Ma ciò che accadde il giorno dopo fu ciò che rese davvero speciale questo caso.

Il 7 aprile molti dei ragazzi erano già nelle loro aule. Bob, l'insegnante, non era ancora arrivato a scuola. L'altoparlante della scuola stava annunciando il programma della partita di pallavolo del pomeriggio. Tutto sembrava essere tornato alla normalità.

All'improvviso, Jonathan vide lo stesso oggetto che aveva visto il giorno prima. Ma questa volta era un avvistamento diverso. Innanzitutto, l'oggetto era molto più vicino, a soli 250 metri dalla scuola. In secondo luogo, c'era più di un velivolo. Jonathan vide un oggetto più grande e due più piccoli, che sembravano fungere da scorta.

In quel momento, l'oggetto più grande rallentò improvvisamente fino a fermarsi quasi completamente, librandosi in aria non lontano da un gruppo di alberi dall'altra parte della strada. Tutti i bambini in classe si precipitarono alle finestre e osservarono la scena con stupore e incredulità.

Improvvisamente, tutti e tre gli oggetti svanirono proprio davanti agli occhi degli studenti.

"È sparito! È sparito!"

"Dove è andato?"

Gli studenti descrissero gli oggetti che lasciavano la zona semplicemente scomparendo. L'intera esperienza non durò molto a lungo, probabilmente circa 30 secondi, forse un minuto.

In quel momento, il signor Apfel arrivò finalmente in mezzo al caos. I bambini si precipitarono a raccontargli degli strani dischi volanti che avevano appena visto, simili a quello avvistato il giorno prima. Eccitati e allarmati, corsero fuori dalla classe mentre il signor Apfel si affrettava ad avvertire il preside.

Gli studenti raggiunsero il bordo del cortile della scuola proprio mentre il più grande dei tre oggetti riappariva, offrendo loro una visione chiara e ravvicinata. Sopra il corpo a forma di sigaro c'era una struttura a torretta, simile a una cupola o a una piccola torre. L'oggetto era enorme, paragonabile per dimensioni a una nave da crociera o a un campo da calcio. Sembrava atterrare in un campo adiacente alla scuola.

Quello che accadde dopo fu del tutto inaspettato.

L'oggetto volò improvvisamente su uno degli alberi vicini e scomparve. L'albero non si mosse, né mostrò alcun danno visibile. Tutti i bambini guardarono in silenzio, sbalorditi. Pochi istanti dopo, il disco emerse dallo stesso albero, che rimase completamente intatto. In qualche modo, l'albero aveva assorbito il disco volante e poi lo aveva rilasciato di nuovo, qualcosa che andava ben oltre la comprensione di chiunque.

Tra i bambini si diffuse un senso di meraviglia ed eccitazione. Mentre continuavano a guardare stupiti, l'oggetto salì improvvisamente a una certa altezza, poi decollò a una velocità incredibile.

Quando il signor Apfel tornò dopo aver avvisato il preside, tutti e tre gli oggetti erano già scomparsi. I bambini rimasero con un enorme punto interrogativo: cosa avevano appena vissuto?

Il giorno seguente, un gruppo di residenti locali segnalò un altro avvistamento intorno alle 9:45 del mattino, che coinvolgeva ancora una volta tre oggetti simili a dischi volanti vicino al cortile della scuola. Lo stesso giorno, alcuni funzionari governativi in uniforme furono visti ispezionare la zona. Intervistarono tre insegnanti che erano stati testimoni diretti dell'evento. Alcuni studenti tornarono in seguito sul luogo dell'atterraggio e riferirono di aver trovato erba bruciata e vegetazione appiattita, chiari segni che qualcosa di fisico era stato lì.

L'avvistamento alla Crestview Elementary School rimase uno dei casi più notevoli di incontri con UFO nella storia degli Stati Uniti. In genere, i casi che coinvolgono bambini come testimoni tendono a suscitare scetticismo. Tuttavia, nell'avvistamento di Crestview, il numero elevato di giovani testimoni rese difficile ignorarlo. Alcuni di loro ricordavano dettagli vividi, tra cui una forte presenza militare nella scuola quel pomeriggio. Le testimonianze degli insegnanti testimoni esistono ancora e possono essere consultate online oggi. Infatti, molti dei testimoni originali hanno iniziato a parlare pubblicamente e a condividere i loro racconti online per la prima volta, oltre 40 anni dopo l'incidente.

Nonostante l'abbondanza di testimonianze oculari, l'aviazione militare statunitense ha dichiarato ufficialmente che i bambini avevano semplicemente visto degli elicotteri. I ricercatori UFO hanno poi scoperto che il Progetto Blue Book, il programma ufficiale di indagine sugli UFO dell'esercito statunitense, aveva confermato questa spiegazione, attribuendo gli avvistamenti agli elicotteri della Guardia Costiera che effettuavano manovre nella zona.

Tuttavia, tale spiegazione fu categoricamente respinta da molti dei testimoni originali, sia studenti che insegnanti.

19

Falcon Lake, Manitoba, Canada, 1967

Il 20 maggio 1967, Stefan Michalak, un meccanico industriale di 51 anni e cercatore dilettante di Winnipeg, era in vacanza nel Whiteshell Provincial Park, nel Manitoba. La zona era nota per i suoi ricchi giacimenti minerari e Michalak era alla ricerca di filoni di quarzo, spesso associati all'argento. Sperava di guadagnare un po' di soldi e si era messo alla ricerca di qualcosa da trovare.

Michalak era immigrato in Canada con la sua famiglia. Prima di allora, aveva prestato servizio come ufficiale dell'intelligence nell'esercito polacco e aveva trascorso un periodo nell'esercito in Europa. Non era il tipo di persona incline a inventare storie. Era una tipica giornata primaverile, fresca e soleggiata. Controllando attentamente la sua posizione con una bussola, Michalak cercò nella zona delle vene di quarzo.

All'improvviso, uno stormo di oche nelle vicinanze iniziò a sbattere le ali e a volare via, starnazzando rumorosamente e sembrando molto agitato. All'inizio, Michalak sospettò che ci fosse un orso nella zona, poiché recentemente erano stati avvistati degli orsi. Tuttavia, nelle due ore successive, non trovò alcun segno di pericolo immediato. Alla fine, raggiunse il sito di prospezione che aveva scelto e iniziò a prepararsi per il lavoro.

Per svolgere il lavoro, doveva scheggiare le rocce. Per proteggersi, Michalak indossava guanti di gomma e occhiali da saldatore. Usando i suoi strumenti, esaminò attentamente i campioni di roccia per valutare se valesse la pena estrarli. Era così concentrato che le rocce davanti a lui divennero il suo intero mondo.

Poi, improvvisamente, ebbe la strana sensazione di essere osservato. Alzando lo sguardo, vide due oggetti a forma di disco librarsi nel cielo. Uno dei velivoli rimase fermo per un breve istante prima di volare via a grande velocità, mentre l'altro iniziò a scendere lentamente. Alla fine atterrò a circa 150 piedi di distanza da lui.

Michalak capì immediatamente che si trattava di qualcosa di straordinario. Sebbene fosse chiaramente un tipo di velivolo, non riusciva a identificarlo come qualcosa di artificiale. *Che cosa poteva essere?* si chiese. Curioso e cauto, posò i suoi strumenti e si avvicinò lentamente all'oggetto.

Ben presto si ritrovò a pochi metri di distanza. Il velivolo a forma di disco aveva un diametro di circa 35 piedi, emetteva un bagliore rossastro e un odore sulfureo. Michalak osservò che la superficie dell'oggetto era metallica e senza giunture, e presentava una porta aperta da cui provenivano luci intense. Essere testimone di qualcosa di così strano, a così breve distanza e in pieno giorno, era davvero straordinario.

A quel punto, Michalak non sembrava eccessivamente preoccupato per la propria incolumità. Essendo stato un ufficiale dell'intelligence nell'esercito polacco, aveva assistito a molte cose sorprendenti che la maggior parte delle persone avrebbe trovato terrificanti. Da ex militare, il suo istinto era quello di cercare una spiegazione razionale per ciò che aveva visto. Forse si trattava di un veicolo militare americano segreto che aveva avuto un guasto meccanico? Gridò in inglese, offrendo il suo aiuto se necessario, ma non ricevette alcuna risposta. Michalak considerò quindi la possibilità che il velivolo potesse provenire dalla Russia o da un'altra nazione straniera. Essendo poliglotta, gridò in russo, polacco e diverse altre lingue, ma ancora una volta non ricevette alcuna risposta dall'interno dell'oggetto.

In quel momento, Michalak attinse alla sua formazione militare e decise di documentare ogni dettaglio. Aveva con sé un blocco di carta, che tirò fuori per disegnare l'oggetto. Pochissimi testimoni di UFO avrebbero avuto la presenza di spirito di creare un disegno, ma Michalak non solo delineò la forma del velivolo, ma segnò anche tutte le caratteristiche che aveva osservato.

Improvvisamente, mentre esaminava il velivolo più da vicino, vide un portello aprirsi. La porta non si apriva come una porta normale, ma funzionava come un diaframma o un obiettivo fotografico. Michalak iniziò allora a sentire delle voci provenire dall'interno dell'oggetto, anche se non riusciva a capire cosa stessero dicendo. Spinto dalla curiosità, si sporse in avanti, cercando di decifrare il significato delle voci.

Un attimo dopo, l'iride si chiuse bruscamente e l'intero velivolo iniziò a ruotare. Un pannello a griglia si girò direttamente verso il suo corpo e rilasciò una raffica di gas caldo che lo colpì al petto, incendiando i suoi vestiti e causandogli gravi ustioni. Allo stesso tempo, l'ago della sua bussola iniziò a girare vorticosamente, probabilmente a causa dell'interferenza magnetica dell'oggetto.

Michalak era dolorante e terrorizzato. Tutto era successo così in fretta che era completamente impreparato. Mentre barcollava all'indietro, cercando di spegnere le fiamme, cadde a terra. In quel momento, il velivolo decollò verticalmente verso il cielo. Rimase sospeso sopra di lui per un breve istante, poi accelerò e scomparve ad alta velocità.

Sebbene scosso, Michalak si sentì in qualche modo sollevato una volta che l'oggetto se ne fu andato. Capì subito che aveva bisogno di cure mediche. Aveva un forte mal di testa, un intenso dolore alla parte superiore del corpo e si sentiva stordito e nauseato. Con grande fatica, tornò al suo motel, da dove fu trasportato d'urgenza in ospedale per ricevere cure mediche.

I medici riscontrarono ustioni di secondo e terzo grado sulla parte superiore del torace di Michalak. Le ustioni coprivano un'area di venti centimetri del suo torace e i segni rossi sulla sua pelle corrispondevano quasi esattamente alla forma della griglia di scarico che aveva visto sul velivolo. Inoltre, i sintomi che manifestava - spossatezza, forte mal di testa e nausea - corrispondevano perfettamente a quelli di un avvelenamento acuto da radiazioni. Tuttavia, quando un radiologo ha successivamente esaminato sia Michalak che i suoi indumenti, non è stata trovata alcuna traccia di radiazioni. Una guardia forestale di stanza in una torre antincendio a meno di un chilometro di distanza ha riferito di non aver visto alcun segno di velivoli o attività insolite quel giorno. Eppure gli strani segni sull'addome di Stefan Michalak hanno continuato ad apparire e scomparire sporadicamente per il resto della sua vita, fino alla sua morte nel 1999.

L'incidente attirò l'attenzione delle autorità canadesi e statunitensi, tra cui la Royal Canadian Mounted Police e l'aviazione militare statunitense. Gli investigatori scoprirono un segno circolare di bruciatura del diametro di 4,5 metri nel presunto luogo di atterraggio. Ulteriori analisi rilevarono livelli elevati di radiazioni all'interno del cerchio, ma in nessun altro punto dell'area circostante. Nonostante le prove fisiche e le approfondite indagini, non fu mai trovata una spiegazione definitiva per l'evento.

20

Incidente di Oka, Quebec, Canada, 1967

I l 29 agosto 1967, in una piccola città fluviale a circa 60 chilometri a nord-ovest di Montreal, Maurice Guindon e sua moglie uscirono per andare a cena con degli amici, lasciando il figlio adolescente Yvon a occuparsi della casa. Yvon Guindon era un ragazzo di 13 anni che faceva da babysitter alle sue due sorelle più piccole. Era descritto dagli amici e dai genitori come un bravo ragazzo: responsabile, ben educato e non incline a inventare storie assurde.

Tuttavia, le sue sorelle più piccole erano determinate a non rendergli facile il compito. Gli facevano scherzi, saltando fuori da dietro gli oggetti per spaventarlo. Venti minuti dopo, con le ragazze finalmente addormentate, la casa era silenziosa.

Ma il silenzio non durò a lungo. Poco dopo le 23:00, un'improvvisa esplosione di rumore riempì l'aria. Era un ronzio, un sibilo, quasi come quello di un trasformatore o di un dispositivo elettrico, proveniente da qualche parte nella casa. Sembrava strano.

Yvon era abbastanza sicuro che fossero state le sue sorelle, ma quando andò a controllare, stavano ancora dormendo. Pensò allora che forse era rimasto acceso il televisore, ma non era così. Lo strano rumore proveniva da qualche altra parte, e Yvon non era l'unico ad averlo notato. Fuori, in giardino, il cane di famiglia abbaiava e ululava in modo molto insolito.

Ben presto, Yvon notò una luce brillante provenire dalla finestra del bagno. Sentendo un crescente senso di responsabilità per la sicurezza delle sue sorelle, iniziò a preoccuparsi di ciò che poteva essere successo. Preoccupato che potesse trattarsi di un intruso, Yvon si intrufolò cautamente nel bagno.

Attraverso la finestra vide una luce molto intensa. Ma era più di una semplice luce: si rese conto che era un oggetto, parzialmente nascosto dagli alberi, che si librava a circa 4,5-6 metri di altezza. Sentì il rumore di rami che si spezzavano e, con suo grande allarme, l'oggetto sembrò avvicinarsi alla casa. Questo movimento minaccioso aumentò la sua paura.

Mentre Yvon continuava a osservare l'oggetto, improvvisamente si sentì debole e disorientato. Gli venne la pelle d'oca, come se l'oggetto stesso avesse un effetto fisico sul suo corpo. Significava un pericolo per lui e la sua famiglia? Non lo sapeva.

Yvon era profondamente preoccupato per la sua incolumità e per la sicurezza delle sue sorelle. Un attimo dopo, iniziò a osservare uno strano raggio di luce che si proiettava lentamente dalla parte inferiore dell'oggetto. Yvon ebbe la netta impressione che quel raggio stesse cercando qualcosa a terra.

All'improvviso, il raggio di luce si girò nella sua direzione. Sembrava che sapesse che Yvon era lì. La luce lo colpì direttamente in faccia e negli occhi. Rimase immediatamente accecato e non riuscì più a vedere.

"I miei occhi!"

All'improvvisa cecità si aggiunse un intenso e martellante mal di testa. Nella camera da letto, le due sorelline di Yvon furono svegliate dal rumore. Anche loro notarono la strana luce e una di loro cominciò a chiamarlo per nome.

"Yvon! Yvon!"

"Diane, Denise, nascondetevi!" gridò Yvon. Sapeva che quell'oggetto poteva rappresentare un pericolo per le sue sorelle e doveva assicurarsi che fossero al sicuro.

Pochi istanti dopo, Yvon cominciò lentamente a riacquistare la vista, anche se era ancora sopraffatto dal disorientamento. Cercò di capire cosa stesse succedendo e dove si trovasse. Gli ci vollero diversi minuti per riprendere la calma. Fuori dalla finestra, l'oggetto era ancora lì, ma aveva assunto un aspetto completamente diverso. Yvon vide che l'oggetto era ora circondato da una cortina o da una campana di luce trasparente, simile a una cupola sopra la parte superiore dell'oggetto. Forse l'aria stessa era stata caricata elettricamente dall'oggetto, o forse esso emetteva una sorta di campo elettromagnetico, permettendogli di vedere questo effetto simile a una campana.

Questo tipo di fenomeno è noto come fuoco di Sant'Elmo, un evento meteorologico simile a un fulmine, in cui l'aria ionizzata si illumina intorno agli alberi e ad altri oggetti appuntiti. Tuttavia, il fatto che questa struttura luminosa fosse formata in modo così preciso attorno all'oggetto suggeriva qualcosa che andava ben oltre una spiegazione naturale.

Improvvisamente, l'effetto campana di vetro sembrò svanire e l'oggetto sembrò prepararsi al decollo, come se un motore stesse accelerando. In un istante, l'oggetto sfrecciò via e scomparve in una frazione di secondo. Sebbene il suono ricordasse quello di un jet, tutto il resto dell'incontro suggeriva il contrario: era chiaramente un oggetto a forma di disco che volteggiava molto vicino alle cime degli alberi. A quel tempo, i jet erano semplicemente incapaci di eseguire tali manovre.

Gli eventi lasciarono Yvon e le sue sorelle terrorizzati. Quando i loro genitori tornarono a casa, trovarono Yvon estremamente agitato, come se avesse visto un fantasma. Era chiaro che aveva vissuto qualcosa di molto insolito.

Per diversi giorni dopo l'incidente, Yvon ha sofferto di forti dolori e arrossamenti agli occhi. Un'organizzazione UFO del Quebec ha indagato sull'incontro, prendendo nota della descrizione dettagliata di Yvon e dei danni insoliti agli alberi vicini. Gli investigatori hanno concluso che egli aveva assistito a qualcosa che andava oltre un normale velivolo a bassa quota, come un elicottero.

Sebbene molti abbiano respinto la segnalazione di Yvon Guindon sulla base del fatto che fosse l'unico testimone, nei mesi successivi diversi altri abitanti del luogo si sono fatti avanti, segnalando luci brillanti simili che si muovevano nella zona. Poco più di un anno dopo, il 18 dicembre 1968, un incontro quasi identico è stato segnalato nel cortile di una scuola locale. Ancora una volta, i testimoni hanno descritto un disco volante immerso in una strana luce quasi solida.

Questi misteriosi incontri riguardavano lo stesso oggetto? Nessuno aveva la risposta.

21

Il caso di Shag Harbour, Nuova Scozia, Canada, 1967

L a notte del 4 ottobre 1967, Norm Smith, un pescatore di 18 anni, stava tornando in auto con un amico da Cape Sable Island dopo aver partecipato a un evento al centro sociale locale. Era un mercoledì sera e stavano entrando a Shag Harbour, un tranquillo villaggio di pescatori situato sulla punta sud-occidentale della Nuova Scozia.

Improvvisamente, mentre tornavano a casa, Norm vide una serie di luci allineate nel cielo. Non aveva mai visto nulla di simile prima d'ora. Era una grande luce arancione dall'aspetto strano che aleggiava bassa sopra l'orizzonte. La prima impressione di Norm fu che potesse trattarsi di un aereo in difficoltà, dato che sembrava molto insolito. A quel punto, non riusciva a distinguere una forma definita, solo le luci che si muovevano parallelamente alla loro auto mentre percorrevano la Old Highway Number Three.

Dopo poco tempo, il suo amico lo accompagnò a casa. Proprio in quel momento, Norm vide dei veicoli della Royal Canadian Mounted Police (RCMP) provenienti da Barrington Passage sfrecciare con le luci lampeggianti. La RCMP della zona aveva ricevuto circa cinque telefonate in pochi minuti da parte di residenti che segnalavano quello che credevano fosse un aereo precipitato nel porto. Norm corse in casa per chiamare suo zio. Non era sicuro di cosa stesse succedendo, ma se si trattava davvero di un incidente, qualcuno poteva aver bisogno di aiuto.

Norm e suo zio si precipitarono sulla riva. Quando arrivarono, una dozzina di persone si erano radunate lì, compresi gli agenti della RCMP, tutti con lo sguardo rivolto verso l'acqua. A circa 300 metri dalla riva galleggiava una sfera arancione luminosa, grande all'incirca come un autobus urbano. Norm osservò l'oggetto con una luce gialla sulla sommità, ma nessuno aveva idea di cosa fosse. Preoccupati dalla possibilità che ci fossero dei sopravvissuti, la RCMP contattò la Guardia Costiera per chiedere rinforzi: avevano bisogno di qualcuno che andasse in acqua.

Poi, verso le 23:20, prima ancora che la chiamata potesse essere completata, lo strano oggetto scivolò improvvisamente sotto la superficie e scomparve dalla vista. La folla sulla spiaggia osservava in silenzio sbalordito, senza sapere se l'oggetto fosse affondato o avesse semplicemente perso potenza. In ogni caso, l'urgenza cresceva: non si poteva escludere la possibilità che qualcuno fosse a bordo e in pericolo.

La RCMP ha rapidamente avviato una risposta di emergenza. Il caporale in comando ha ordinato a uno dei suoi agenti di contattare il Centro di coordinamento dei soccorsi di Halifax per verificare se fossero state segnalate aeronavi disperse. Nel frattempo, ha chiesto alle persone presenti sulla costa di aiutare a uscire in mare. Se qualcuno era in difficoltà, avrebbero fatto tutto il possibile per aiutarlo.

Alcune persone, tra cui Norm Smith, salirono a bordo di due delle imbarcazioni inviate e si diressero in mare alla ricerca di quelli che credevano potessero essere relitti o sopravvissuti. Stranamente, non trovarono né corpi né detriti. Scoprirono invece uno spesso strato di misteriosa schiuma gialla che galleggiava sulla superficie dell'acqua. Nessuno sapeva se fosse sicuro toccarla, ma ci navigarono comunque e cercarono di raccogliere dei campioni. La schiuma era spessa circa quattro pollici, luccicante, di colore giallo e aveva un forte odore di zolfo. Non era schiuma marina, né alcun sottoprodotto noto del carburante per aerei o della sua interazione con l'acqua di mare. Nessuno aveva mai visto nulla di simile prima d'ora.

A quel punto, la RCMP ricevette una risposta dal Centro di coordinamento dei soccorsi, che confermò che nessun aereo era stato segnalato come disperso nella regione. Questo non fece che aumentare il mistero: cosa era scomparso esattamente nell'oceano al largo di Shag Harbour?

Norm e gli altri continuarono le ricerche fino alle 3:30 del mattino. Quando i loro sforzi non portarono a nulla, Norm Smith e molti altri testimoni decisero di rendere pubblica la loro storia. Dato il numero di testimoni oculari, i media ripresero rapidamente la notizia. Con le tensioni della Guerra Fredda alle stelle, si ipotizzò che le strane luci potessero appartenere a un velivolo spia militare sovietico.

La ricerca di risposte ha dato il via a un'ampia indagine subacquea. Due giorni dopo l'incidente, la Marina canadese ha inviato una squadra di sommozzatori a perlustrare il fondale marino al largo di Shag Harbour. Tuttavia, il rapporto ufficiale del governo ha concluso che non era stato trovato alcun oggetto o velivolo di alcun tipo.

Alcuni ritenevano che l'oggetto non si fosse affatto schiantato, ma che fosse stato immerso intenzionalmente nell'ambito di una missione speciale. Infatti, diversi studi successivi hanno suggerito che gli UFO potrebbero essere attratti dall'acqua, forse per operazioni legate all'acqua. Anni dopo, alcuni dei subacquei che avevano partecipato alle ricerche contraddissero la versione ufficiale, sostenendo di aver effettivamente visto dei rottami di origine sconosciuta. Gli scettici sostenevano che l'oggetto fosse stato recuperato in segreto da un'operazione governativa riservata.

Indipendentemente dalla teoria, il caso di Shag Harbour rimase uno degli incidenti UFO più notevoli nella storia canadese. Fu uno dei soli nove avvistamenti UFO nel 1967 ritenuti abbastanza significativi da giustificare un'indagine ufficiale sul posto da parte dell'esercito canadese.

22

L'incidente sulla Trans Canada Highway, Nuova Scozia, Canada, 1968

La notte del 15 agosto 1968, Richard Skewes, un ex membro della Royal Canadian Navy, e la sua famiglia stavano tornando in Ontario dopo aver trascorso una settimana sulla costa orientale del Canada. Erano a 800 miglia da casa e Richard aveva fretta di tornare al lavoro, quindi la famiglia proseguì il viaggio per tutta la notte.

Richard e Annie Skewes erano di Hamilton, Ontario, e in quella notte di fine agosto stavano viaggiando lungo un tratto isolato della Trans-Canada Highway in Nuova Scozia, diretti a nord verso il New Brunswick. Il loro bambino e la baby-sitter adolescente, Gail, dormivano sul sedile posteriore. Con l'autostrada quasi deserta, Richard rimase vigile mentre guidava. In Nuova Scozia e Terranova erano morte delle persone a causa di collisioni con alci, quindi doveva stare attento.

All'improvviso, mentre superavano una collina e affrontavano una curva, Richard vide delle luci intense. "Ehi, cos'è quello?", chiese.

Tuttavia, quando Annie guardò fuori, non vide nulla e cominciò a preoccuparsi che Richard potesse avere delle allucinazioni. Ma lui insistette di aver visto qualcosa. Richard aveva prestato servizio nella Royal Canadian Navy, dove parte del suo lavoro consisteva nell'identificare gli aerei nel cielo: aveva eccellenti capacità di osservazione.

Per rompere il silenzio, Richard accese l'autoradio. Tuttavia, indipendentemente dalla frequenza che provava, tutto ciò che riuscivano a sentire era un rumore bianco. Perplesso, Richard sospettò che potesse esserci una fregata russa al largo della costa, che interferiva con la trasmissione radio.

In quel preciso istante, Richard vide di nuovo qualcosa. "Guarda!", esclamò. Sia Richard che Annie videro un gruppo di luci, che sembravano essere basse nel cielo e non molto al di sopra della linea degli alberi. Richard capì immediatamente che non si trattava di aerei. Le luci lampeggiavano e sfrecciavano in modi che gli aerei convenzionali semplicemente non potevano fare. Non aveva mai visto nulla di simile prima e non aveva idea di cosa potesse essere.

Annie era spaventata. Disse al marito che dovevano tornare indietro perché aveva un brutto presentimento. Richard però non era d'accordo. Avevano già guidato per quattro ore e, sebbene gli oggetti sembrassero insoliti, non vedeva alcun motivo per fermarsi a quel punto.

Con il loro bambino e la babysitter in macchina, Annie cercò di mantenere la calma. In quel momento, la babysitter sembrò svegliarsi e chiese ad Annie se stesse bene. Annie rispose rapidamente: "Sì".

Per mantenere la calma, Annie cercò di trovare delle spiegazioni logiche. "Forse sono aerei antincendio?", suggerì. La sua prima impressione era che ci fosse un incendio boschivo nelle vicinanze e che le luci appartenessero ad aerei ben illuminati che combattevano le fiamme. Ma Richard scartò rapidamente l'idea. Non vedeva alcun incendio.

"Elicotteri?", chiese di nuovo Annie, ma Richard scosse la testa. Neanche questo aveva senso per lui. Anche se gli elicotteri di solito volano bassi, non si librano proprio sopra le cime degli alberi. "Sei, tutti con luci colorate, che volano così vicini tra loro?", chiese scettico.

Poi, quando raggiunsero l'altro lato dell'autostrada, Richard vide un'altra luce appena sopra le cime degli alberi. Questo oggetto si spostò verso il gruppo di luci che avevano visto in precedenza e si fuse con esso, portando il totale a sei o sette oggetti.

Sul sedile posteriore, anche la babysitter adolescente, ormai sveglia, vide gli oggetti. Notò delle luci gialle e arancioni molto intense. Richard abbassò il finestrino e ascoltò attentamente. Grazie al suo passato militare, conosceva bene i rumori tipici degli aerei e pensava di poterli identificare, ma non riusciva a sentire nulla. Anzi, c'era un silenzio inquietante.

All'improvviso, le cose presero una strana piega. Uno degli oggetti si separò dagli altri e si spostò sopra l'autostrada. Potevano vedere una forma distinta: a forma di sigaro, lunga circa 6 metri, con diversi segmenti e punti luminosi sulla parte inferiore. Richard iniziò a rallentare l'auto, ma non voleva fermarsi nel caso avesse dovuto manovrare per togliersi di mezzo. L'oggetto sembrava muoversi verso di loro, abbastanza vicino da terrorizzare tutti i passeggeri dell'auto. Sembrava che volesse bombardare il veicolo con una manovra altamente insolita e pericolosa. Richard sterzò per evitare una collisione, mentre Annie pensava che l'oggetto li avrebbe davvero colpiti.

"Oh mio Dio!"

Incredibilmente, all'ultimo secondo, l'oggetto passò direttamente sopra l'auto. Nonostante ciò, non ci fu alcun vento, nessuna vibrazione e nessun suono che indicasse che qualcosa fosse passato. Era estremamente insolito e il modo in cui l'oggetto era riuscito a farlo rimase inspiegabile per la coppia spaventata. Richard continuò a guidare, sollevato che il pericolo immediato fosse passato. Proseguirono, desiderosi di allontanarsi dalla zona il più rapidamente possibile.

Richard e Annie Skewes proseguirono il loro viaggio verso casa, sconvolti e senza alcuna risposta. Al loro ritorno, presentarono una denuncia alla locale stazione della Royal Canadian Mounted Police (RCMP), così come fece la loro babysitter, Gail Yemm. Il sergente R.I. Evans interrogò separatamente tutti e tre i passeggeri e descrisse le loro testimonianze come sincere e intelligenti, sottolineando il profondo timore che avevano espresso riguardo all'incidente.

L'indagine della RCMP sull'evento non ha prodotto ulteriori prove o testimoni che potessero confermare o smentire le loro testimonianze.

Questo caso era significativo perché uno degli osservatori aveva una grande esperienza nell'identificare gli aerei, ma nulla di ciò che Richard aveva incontrato corrispondeva all'oggetto che avevano visto. Inoltre, c'erano tre testimoni indipendenti, non solo uno. Sebbene fossero sfuggiti al pericolo, le ragioni del comportamento dell'oggetto rimanevano un mistero. Perché era così aggressivo? Perché si era diretto direttamente verso l'auto? Nessuno conosceva le intenzioni dell'oggetto.

23

Missile Madness, Base aerea di Minot, North Dakota, 1968

Il 24 ottobre 1968, a Minot, nel North Dakota, negli Stati Uniti, iniziò il turno di notte per un gruppo di manutenzione di missili nucleari in una delle basi aeree americane più sicure. La base aerea di Minot era una parte fondamentale dei sistemi di difesa aerea e di attacco aereo degli Stati Uniti, che ospitava missili balistici intercontinentali (ICBM) e una flotta di bombardieri nucleari B-52.

L'aviere di prima classe (A1C) Robert O'Conner e Lloyd Isley del 91° Minuteman Maintenance Squadron erano diretti verso uno dei 150 silos missilistici Minuteman di Minot. Erano giovani tecnici, addetti alla manutenzione addestrati a riparare missili, non a combattere. Il loro lavoro richiedeva turni lunghi e notturni, e una delle sfide più grandi era semplicemente quella di rimanere svegli fino all'arrivo dei colleghi del turno successivo al mattino.

Mentre guidava verso il sito missilistico, O'Conner notò con la coda dell'occhio quella che inizialmente pensò fosse la luce del cortile di un contadino, ma sembrava insolitamente brillante. Il suo primo pensiero fu: *perché un contadino dovrebbe lasciare la luce accesa alle 2:00 del mattino?* Tuttavia, mentre proseguivano verso nord, guardò di nuovo e si rese conto che la luce si era spostata più in alto da terra e ora seguiva il loro veicolo. O'Conner lo fece notare a Isley, dicendo che la luce sembrava seguirli. Anche Isley lo notò ed entrambi gli uomini divennero sempre più inquieti. Cosa stava succedendo? Avevano la netta impressione che, qualunque cosa fosse, li stesse osservando.

"Che cos'è?"

"Ascolta. Ascolta!"

Mentre l'oggetto si avvicinava, O'Conner e Isley sentirono entrambi un rumore che lo accompagnava, qualcosa che sembrava un motore a reazione. Preoccupati di trovarsi di fronte a un intruso sconosciuto, O'Conner contattò via radio i suoi colleghi.

"Uh, centrale, qui è l'Unità Uno. Abbiamo qualche velivolo in manovra o di pattuglia stanotte?"

"Rimanete in attesa. Verificheremo con la torre di controllo. Controllo, avete qualcosa sul radar vicino al silo numero sette?"

"Negativo, centrale. Lo spazio aereo è libero da traffico. Passo."

Rimasero scioccati nell'apprendere che non c'era alcun traffico nella zona. O'Conner decise di verificare di persona: era convinto che fossero sotto sorveglianza. Credeva che ci fosse un intento dietro il movimento della luce e un motivo per cui li stava seguendo.

La luce si spostò verso uno dei siti missilistici, noto con il nome in codice *November 7*. Il primo pensiero di O'Conner fu: *c'è una potenziale minaccia per questo silo missilistico?* Il rischio era grande: un oggetto sconosciuto stava volteggiando vicino a una struttura di lancio altamente sicura e poteva rappresentare una seria minaccia. Senza esitare, O'Conner accelerò il veicolo verso il silo. Quando arrivarono, saltò rapidamente fuori e corse verso il cancello, determinato a entrare prima che l'oggetto misterioso agisse.

Nel frattempo, Isley andò sul retro del camion e prese un'ascia: voleva avere un'arma nel caso fosse successo qualcosa. Dopotutto, erano una squadra di manutenzione, non una squadra di sicurezza: non erano armati né addestrati al combattimento.

Mentre O'Conner entrava nel complesso del silo, Isley rimase indietro, tenendo d'occhio l'oggetto. Man mano che si avvicinava e diventava più luminoso, cominciò a distinguere una forma oblunga. Fu solo allora che si rese conto di quanto fosse enorme l'oggetto: stimò che fosse grande circa un quarto di una portaerei. Era qualcosa che non aveva mai visto prima. Era spaventato. Non sapeva cosa stesse succedendo e la situazione stava rapidamente diventando potenzialmente disastrosa.

All'inizio, gli unici testimoni erano gli addetti alla manutenzione. Poi, il misterioso oggetto apparve sullo schermo radar. Improvvisamente, c'era un oggetto non identificato sopra una base missilistica nucleare, trasformando la situazione in una questione di sicurezza nazionale. L'Air Force aveva bisogno di risposte: voleva sapere cosa stava succedendo, chi era responsabile e perché. Senza esitazione, la torre di controllo inviò una richiesta di soccorso.

"Aviatori di prima classe Adams e Jablonski, abbiamo segnalazioni di luci insolite sopra il 7 novembre. È necessario un rinforzo!"

"Ricevuto, stiamo arrivando."

Una squadra di sicurezza delle armi nucleari rispose alla richiesta di soccorso proveniente dal silo *7 novembre*. Due aviatori di sicurezza, Joseph Jablonski e Gregory Adams, erano a 20 minuti dalla loro destinazione. Il loro compito era proteggere le armi nucleari e stavano correndo verso *il 7 novembre*. Mentre si dirigevano a tutta velocità verso il sito, potevano sentire chiacchiere frenetiche alla radio, comprese le richieste di aiuto sempre più disperate di O'Conner.

"Ho verificato che il sito missilistico non è stato violato, ma l'oggetto si sta avvicinando. Abbiamo bisogno di aiuto, subito!"

"Restate in attesa, Unità Uno. La sicurezza è stata inviata."

Mentre la squadra di sicurezza correva verso *il silo 7 novembre*, individuò una luce brillante alla loro ore 3. Era grande e si librava a circa otto miglia di distanza. Contattarono immediatamente via radio la torre di controllo, che confermò che un oggetto sconosciuto stava scendendo sul radar.

Consapevole che poteva trattarsi di una minaccia immediata, la squadra di sicurezza aumentò la velocità al massimo. Quando arrivarono al silo missilistico, trovarono Isley e O'Conner in piedi davanti al cancello di sicurezza, con l'oggetto che volteggiava direttamente sopra di loro, avvicinandosi sempre di più. Adams e Jablonski estrassero le armi e puntarono l'oggetto. Si prepararono a difendere il silo dallo strano intruso, qualunque cosa fosse. Ma non aprirono immediatamente il fuoco. Erano stati addestrati a non sparare a meno che non ci fosse una minaccia imminente, quindi osservarono attentamente l'oggetto.

Più o meno nello stesso momento, un bombardiere B-52 di ritorno da una missione di addestramento si stava avvicinando alla base aerea di Minot per atterrare. Il capitano Bradford Runyon, copilota del B-52, ricevette una chiamata radio dalla torre di controllo. La torre di controllo voleva che l'equipaggio del B-52 confermasse ciò che il personale di terra stava vedendo e aiutasse a determinare esattamente con cosa avevano a che fare.

"Qui è RAPCON in linea con il B-52."

Il RAPCON (Radar Approach Control) era un sistema militare di controllo del traffico aereo che forniva informazioni di volo fondamentali agli aerei che volavano all'interno e intorno alla base.

"Abbiamo avvistato luci insolite vicino al *7 novembre*."

L'equipaggio del B-52 chiese le coordinate dell'oggetto e iniziò la ricerca. Infatti, il navigatore del B-52, il capitano Patrick McCaslin, identificò un oggetto sullo schermo del suo radar. Appariva debole in una scansione e luminoso in quella successiva, situato a destra dell'ala destra a ore tre, a circa tre miglia di distanza. Il capitano McCaslin ordinò immediatamente al navigatore radar di accendere la telecamera, che avrebbe catturato le immagini di qualsiasi cosa fosse sullo schermo radar. Queste immagini mostravano l'oggetto che volava in formazione con il B-52, salendo al suo fianco e mantenendo la stessa direzione. Questo comportamento era altamente insolito.

Mentre il B-52 si avvicinava, il copilota Runyon fu il primo a individuare quello che sembrava essere un velivolo luminoso che si librava vicino al suolo. Runyon stimò che l'oggetto avesse un diametro di almeno 10 piedi e una lunghezza di centinaia di piedi. Aveva un cilindro metallico attaccato a un'altra sezione a forma di luna crescente. Runyon riteneva che la parte a forma di mezzaluna fosse probabilmente il centro di comando, ma quando cercò di guardare all'interno, tutto ciò che riuscì a vedere fu un bagliore giallo. A quel punto, il capitano Runyon si convinse che si trattasse di un'astronave alimentata ad elio, proveniente da un altro pianeta oltre la Terra.

Improvvisamente, l'equipaggio del B-52 avvistò un altro oggetto non identificato apparso dal nulla.

"Sembra che abbiamo un altro oggetto non identificato in vista, a 24 miglia a nord-ovest del *7 novembre* a 12.000 piedi!".

Mentre gli aviatori a terra osservavano un oggetto, l'equipaggio del B-52 ne stava ora tracciando un secondo. Ora c'erano due UFO. Cosa avrebbero fatto? Avrebbero attaccato la base aerea? La tensione nell'atmosfera raggiunse il culmine.

Improvvisamente, senza preavviso, l'oggetto sopra il silo *November 7* schizzò in cielo. In pochi secondi, gli aviatori a terra persero di vista l'oggetto che scomparve. Nel frattempo, i piloti del B-52 videro il loro oggetto svanire quasi nello stesso momento.

Il mattino seguente, le segnalazioni relative al misterioso avvistamento raggiunsero i vertici dell'esercito statunitense, che avviò un'indagine ufficiale. Il capitano Runyon e gli altri membri dell'equipaggio del B-52 riferirono l'avvistamento al loro ritorno alla base e Runyon disegnò uno schizzo dettagliato dell'oggetto che aveva visto. L'aviazione militare statunitense incaricò la sua unità di indagine sugli UFO, il Progetto Blue Book, di indagare sull'incidente.

Quella notte, un totale di 14 aviatori a terra assistettero all'avvistamento dell'oggetto non identificato, tra cui il sergente maggiore Bill Smith, responsabile della sicurezza di 10 missili nucleari. Smith riferì di aver visto strani oggetti sollevarsi, librarsi e sfrecciare rapidamente in varie direzioni.

Una teoria suggeriva che gli avvistamenti fossero causati da un raro fenomeno meteorologico che coinvolgeva gas ionizzato nell'atmosfera, noto come sfere di plasma. Tuttavia, durante il culmine della Guerra Fredda, furono segnalati avvistamenti di UFO anche in altre quattro basi nucleari - Malmstrom, Loring, Wurtsmith e Warren - sollevando ulteriori preoccupazioni.

Nonostante le prove, il rapporto finale del Progetto Blue Book concluse che gli aviatori e i piloti avevano semplicemente osservato le stelle. Questa spiegazione fu fermamente respinta dalle persone coinvolte, che insistettero nel dire che non avevano scambiato oggetti celesti per ciò che avevano visto. Ancora oggi ritengono che l'incidente non sia mai stato adeguatamente spiegato.

24

Guarigione UFO, Aix-En-Provence, Francia, 1968

Nelle prime ore del 2 novembre 1968, una violenta tempesta minacciava un villaggio isolato vicino ad Aix-en-Provence, nel sud della Francia. Un medico locale noto come Dr. X decise di andare a dormire. Dr. X non era il suo vero nome: aveva scelto di rimanere anonimo perché non voleva che nessuno conoscesse la sua identità.

Con la moglie profondamente addormentata, il medico si occupò di una ferita recente. Alcuni giorni prima, mentre lavorava in giardino, aveva usato un'ascia per tagliare la legna. L'ascia era scivolata e gli aveva tagliato la gamba, recidendo una vena. Oltre alla ferita, il medico soffriva anche di problemi muscolari alla parte destra del corpo e zoppicava a causa di una mina calpestata durante la guerra d'Algeria dieci anni prima. Con entrambe le lesioni, era doloroso per lui camminare o stare in piedi.

All'improvviso, il medico sentì il pianto di suo figlio. Il bambino di un anno era in un'altra stanza in fondo al corridoio ed erano circa le 3:45 del mattino. Andò nella stanza del bambino e lo trovò in piedi nella sua culla, che indicava la finestra chiusa e ripeteva la parola "rho!", una parola francese che significa brillante, splendente o luce molto intensa. Fuori dalla finestra infuriava una tempesta con forti venti, pioggia battente e frequenti lampi.

Dopo aver riempito il biberon di suo figlio, il medico sentì un rumore simile a quello delle persiane che sbattevano contro la casa. Seguì il rumore fino a una finestra aperta al secondo piano e chiuse le persiane, ma il rumore continuava. Scese quindi al piano di sotto per controllare il camino, ma nemmeno quello era la fonte del rumore. Sempre più preoccupato, cominciò a temere che qualcuno stesse cercando di entrare in casa. Con la moglie e il figlio che dormivano, sentì il forte bisogno di proteggerli.

Dopo alcune ricerche, il dottore finalmente capì che il rumore proveniva dall'esterno. Inoltre, anche la tempesta non sembrava normale. I lampi erano stranamente ritmici, si verificavano all'incirca una volta al secondo e non assomigliavano ai normali fulmini. La luce si estendeva per tre o quattro chilometri, illuminando la valle intorno alla sua casa in cima alla collina. I lampi non corrispondevano nemmeno ai tuoni, infatti non c'era alcun tuono. In quel momento, la pioggia cessò. Il dottor X afferrò il suo taccuino e si precipitò fuori. Doveva capire da dove provenissero i lampi, poiché dall'interno della casa non riusciva a vederne l'origine.

Ciò che vide lo lasciò sbalordito. C'erano due velivoli identici a forma di piattino che si libravano sulla valle a circa due chilometri di distanza, entrambi pulsanti di luce bianca. Erano larghi diverse decine di metri e si muovevano verso est in perfetta sincronia. Sotto ogni velivolo c'era un faro cilindrico bianco e luminoso. Gli oggetti erano di forma ellittica e sembravano avere due parti distinte. La parte superiore era luminosa, bianco-argentea e più fioca della luna piena. La parte inferiore era leggermente più piccola, di un colore rosso intenso simile al tramonto, più scuro nella parte inferiore e più chiaro nella parte superiore, e lui riusciva a vedere dei movimenti su di essa. Ogni oggetto aveva tre sporgenze simili a aste e un rigonfiamento più scuro nella parte inferiore, da cui provenivano i raggi. Nonostante le loro dimensioni e la loro attività, gli oggetti non emettevano alcun rumore.

Nel frattempo, il dottore notò una carica che reagiva avanti e indietro tra i due oggetti, come se stessero assorbendo energia dall'aria e in qualche modo la condividessero. Il suono che aveva sentito prima sembrava provenire da questi lampi di luce o dal crepitio dell'energia che passava tra gli oggetti.

Improvvisamente, gli oggetti cominciarono a muoversi. Man mano che si avvicinavano, si fusero in uno solo, formando un grande oggetto con un unico fascio di luce molto intenso che brillava dalla parte inferiore. Il velivolo fuso volò poi dritto verso il dottore, fermandosi a soli 200 metri di distanza. Il dottore poteva ora vedere che la metà inferiore rossa brillava come metallo incandescente, o come se fosse illuminata dall'interno. Era anche divisa in undici sezioni da linee verticali, simili alle linee che si muovevano sui vecchi schermi televisivi quando si regolavano le immagini. Il dottore era spaventato ma incapace di muoversi.

Prima che potesse capire cosa stesse succedendo, il velivolo si inclinò nel cielo, rivelando la sua parte inferiore circolare e puntando il suo riflettore direttamente su di lui. Il dottore era completamente immerso in questa luce ed era terrorizzato. Poi ci fu un forte scoppio mentre il suo corpo veniva "smaterializzato". Un sottile filo bianco e luminoso schizzò per diverse centinaia di metri nel cielo. Il velivolo era sparito, lasciando dietro di sé solo un materiale vaporoso, simile a un nastro, che fluttuava nell'aria.

In stato di shock, il dottor X controllò l'ora ed erano le 4:05 del mattino. Cominciò immediatamente a prendere appunti e a disegnare schizzi dell'UFO, poi svegliò sua moglie per raccontarle la sua esperienza. Durante la loro conversazione, sua moglie si rese improvvisamente conto che suo marito non zoppicava più e camminava senza claudicazione. Incredulo, il dottor X si arrotolò la gamba dei pantaloni. Con sua grande sorpresa, scoprì che il taglio alla caviglia era completamente guarito e che il gonfiore e il dolore erano scomparsi. Infatti, camminava e si muoveva come una persona perfettamente sana.

Quella notte, sua moglie sentì il dottore parlare nel sonno, dicendo che "il contatto sarebbe stato ristabilito cadendo dalle scale il 2 novembre". Sorprendentemente, nonostante si sentisse benissimo quando si svegliò nel pomeriggio, il dottor X sembrava aver dimenticato la sua esperienza con l'UFO. Fu solo più tardi nel pomeriggio, dopo aver accidentalmente sbattuto la testa sul pavimento, che il dottore recuperò tutti i suoi ricordi dell'evento.

Su insistenza della moglie, il 5 novembre il dottore contattò il loro amico di lunga data, il famoso ufologo francese Aimé Michel. Michel arrivò a casa del dottore tre giorni dopo con un fisico. Michel intervistò la coppia, mentre il fisico scattava foto della valle e faceva schizzi che indicavano la posizione approssimativa degli UFO. Gli esami medici confermarono che tutti i segni delle ferite del dottor X erano scomparsi e che non provava più alcun dolore correlato alle ferite.

Lo stesso giorno, il dottor X iniziò a sentire crampi e dolore intorno all'ombelico, che persistevano da una settimana e mezzo. Pochi giorni dopo, intorno all'ombelico apparve l'impronta di un triangolo isoscele rosso e da quel momento in poi il fastidio cessò. Il giorno successivo, un triangolo simile apparve nello stesso punto sul corpo di suo figlio. Entrambi i triangoli rimasero visibili per due o tre giorni prima di svanire nel giro di poche ore. Questi misteriosi triangoli continuarono ad apparire sul medico e su suo figlio circa ogni tre settimane per almeno i due anni successivi.

Questo è stato uno dei casi insoliti in cui si è verificata una guarigione invece di un danno diretto. Nonostante lo shock iniziale, il dottor X ha ritenuto che l'evento avesse avuto effetti per lo più positivi sulla sua vita. Oltre a riacquistare la mobilità, il medico e sua moglie hanno affermato di aver sviluppato un maggiore apprezzamento per l'inspiegabile e un senso di pace con il fatto che qualunque cosa fosse loro accaduta andava oltre la loro comprensione.

25

Anello luminoso, Delphos, Kansas, 1971

Il 2 novembre 1971, la famiglia Johnson si stava preparando per la tradizionale cena del sabato sera nella loro fattoria a Delphos, Kansas. Delphos era una comunità rurale molto piccola e i Johnson erano contadini americani molto rispettati e laboriosi. Tutti aiutavano ad apparecchiare la tavola e a prepararsi per la cena, tranne il loro figlio adolescente, Ronnie, che era in ritardo. Doveva ancora occuparsi degli animali della fattoria.

Ronald "Ronnie" Johnson, allora sedicenne, fu il testimone principale di quello che sarebbe diventato uno dei casi UFO più avvincenti della storia americana. Quella sera era fuori a rifornire di cibo i maiali e le pecore, accompagnato dal suo fedele cane, Snowball. Quasi tutti i giorni Snowball era il compagno costante di Ronnie, di solito seduto tranquillamente lì vicino, guardandolo mentre svolgeva le sue faccende. Ma quella sera era diverso: Snowball sembrava insolitamente agitato e guardava ripetutamente verso il cielo. Il cane sembrava disturbato da qualcosa in lontananza. Nel frattempo, il bestiame cominciò a comportarsi in modo strano, correndo in cerchio e creando scompiglio all'interno della stalla.

In quel momento, Ronnie sentì qualcosa rompersi all'esterno. Prima che potesse capirne il significato, seguì un altro suono sconosciuto, metallico e meccanico, quasi come una lavatrice in funzione. Sembrava provenire dal lato opposto del fienile. Incerto su cosa stesse succedendo, Ronnie chiamò più volte "Papà!", ma non ricevette alcuna risposta. Curioso e inquieto, uscì dal fienile per indagare. Snowball lo seguiva da vicino.

A circa 23 metri di distanza, vicino all'angolo del fienile, Ronnie vide la fonte dello strano suono: un oggetto a forma di fungo che si librava a circa 60 centimetri dal suolo. Il velivolo, che si stimava avesse un diametro di 2,5-3 metri e un'altezza di circa 3 metri, era circondato da luci multicolori pulsanti - blu, rosse e arancioni - e continuava a emettere lo stesso ronzio metallico e vibrante. Ronnie era sbalordito. La loro casa si trovava in una zona rurale isolata, senza basi militari o aerei nelle vicinanze. E quell'oggetto non assomigliava a nulla che avesse mai visto prima.

Cercò di osservarlo più da vicino, ma era troppo luminoso per poter distinguere i dettagli. Mentre lo fissava, la base del velivolo divenne improvvisamente ancora più luminosa. Ronnie pensò di vedere qualcosa che filtrava dalla parte inferiore: un materiale o una nebbia intensamente illuminati. Dopo un minuto o due, l'oggetto iniziò a sollevarsi lentamente in aria. La luce si intensificò ulteriormente e gli occhi di Ronnie iniziarono a bruciare per la sua intensità. Poi, senza preavviso, il velivolo schizzò verso l'alto con un lampo di luce brillante, accecando Ronnie e lasciandolo momentaneamente incapace di vedere.

Stranamente, Snowball rimase in silenzio durante l'intero incontro. Il cane non abbaiò né reagì come avrebbe fatto normalmente. Questo comportamento rispecchiava le segnalazioni di altri casi di incontri ravvicinati, in cui gli animali sembravano percepire la presenza di qualcosa di straordinario, ma rimanevano stranamente immobili, quasi congelati sul posto.

Pochi secondi dopo, Ronnie recuperò parzialmente la vista e sentì l'oggetto allontanarsi. Aumentò gradualmente la velocità e salì nel cielo. Sbattendo le palpebre per eliminare l'immagine residua, Ron cercò freneticamente Snowball, poi corse a casa più veloce che poté. Non appena vide i suoi genitori, gridò e li esortò a guardare il cielo. A circa 30 metri dal suolo, sua madre e suo padre videro un oggetto luminoso, brillante come i fari di un'auto, che si allontanava verso il cielo meridionale. Era molto più luminoso della luna piena ed erano certi che nessuno potesse scambiarlo per un corpo celeste conosciuto.

Ronnie condusse quindi i suoi genitori nel luogo in cui aveva visto l'oggetto. Lì, nell'area esatta in cui era rimasto sospeso, la famiglia scoprì un anello luminoso sul terreno, del diametro di circa due metri e mezzo, con una consistenza polverosa simile a una crosta. Incuriosita, la signora Johnson toccò l'anello con due dita. La sostanza era fine e polverosa al tatto, ma in pochi secondi le sue dita cominciarono a formicolare e presto si intorpidirono. Nelle vicinanze, la famiglia notò anche un ramo spezzato, staccatosi lungo il percorso dove l'oggetto era asceso. Il ramo era ricoperto dalla stessa strana sostanza luminosa. La signora Johnson tornò rapidamente a casa, prese la macchina fotografica e scattò una foto dell'anello luminoso. Quella foto esiste ancora oggi e costituisce una prova visiva fondamentale dell'incontro.

L'avvistamento di Delphos è diventato uno dei casi UFO più studiati della storia. Il giorno seguente, la giornalista locale Thaddia Smith visitò il luogo e confermò la presenza dell'anello. Osservò che il terreno all'interno dell'anello era insolitamente secco e incrostato, nonostante le recenti piogge nella zona. L'incidente attirò anche l'attenzione di Ted Phillips, un rinomato specialista in casi di tracce fisiche. Phillips esaminò il luogo 32 giorni dopo l'evento e trovò l'anello ancora chiaramente visibile. La sostanza bianca dell'anello resisteva all'acqua e continuava a brillare debolmente al buio. Notò anche che il terreno all'interno dell'anello rimaneva asciutto fino a una profondità di almeno 30 cm, anche sotto uno strato di neve.

Ulteriori analisi di laboratorio rivelarono che il terreno conteneva una concentrazione insolitamente alta di ossalato di calcio, un composto organico presente in natura in alcune piante. Inoltre, fu rilevata la presenza di un fungo dell'ordine *dei Basidiomiceti*. Gli scettici hanno ipotizzato che l'anello potesse essere un fenomeno naturale noto come "anello delle fate", ovvero un motivo circolare o ad arco causato dalla crescita di funghi nel tappeto erboso. Tuttavia, questa spiegazione non riusciva a giustificare diverse anomalie: il bagliore visibile, la resistenza dell'anello all'acqua e il formicolio e l'intorpidimento provati dalla signora Johnson. Il fungo da solo non poteva spiegare questi effetti.

Per due settimane dopo l'incidente, Ronnie Johnson ha sofferto di dolori agli occhi e mal di testa persistenti. Anche gli animali della famiglia hanno mostrato un comportamento insolito e irrequieto, e Snowball alla fine è diventata cieca da un occhio, una condizione che è durata per il resto della sua vita. La signora Johnson continuò a soffrire di intorpidimento intermittente alle dita. Negli anni successivi, Ron fu spesso disturbato da intrusi che cercavano di dare un'occhiata al misterioso anello. Alla fine, portò un carico di terriccio e seppellì il sito per recuperare un po' di privacy.

Nonostante numerose indagini e teorie, l'incidente di Delphos rimane inspiegabile.

26

Incidente di Taizé, Francia, 1972

L'11 agosto 1972, François Tantot e Renata Faa arrivarono a Taizé, un piccolo villaggio nella Francia orientale. Taizé è sede di un'importante comunità religiosa ecumenica, rinomata per i suoi pacifici raduni di giovani pellegrini provenienti da tutto il mondo. Ogni estate, migliaia di giovani cristiani, come Tantot e Faa, si riunivano lì per una settimana di preghiera e studio della Bibbia.

Sebbene fosse già mezzanotte, non erano ancora andati a dormire. Seduti attorno a un falò, chiacchieravano delle attività in programma per il giorno successivo. Entusiasti della settimana che li attendeva, Tantot e Faa si godevano il momento con i loro giovani amici, pieni di gioia e di aspettative.

Improvvisamente, verso le 2 del mattino, Renata Faa notò quella che sembrava essere una grande stella cadere dal cielo a ovest. Provò immediatamente un senso di nervosismo, anche se non aveva idea di cosa potesse essere. Anche i suoi compagni la videro e insieme osservarono la "stella" scendere.

Man mano che si avvicinava, il gruppo riuscì a vedere più chiaramente l'oggetto. Era un velivolo a forma di sigaro con due cupole gialle, una più grande dell'altra. Aveva anche quattro oblò bianchi che apparivano e poi scomparivano. Inoltre, c'erano tre dischi bianchi vicino al velivolo principale, ciascuno con due luci rosse. A un'estremità del velivolo, i testimoni videro fiamme e altri fenomeni luminosi.

Sorprendentemente, l'oggetto irradiava una serie di strani fasci di luce dall'aspetto solido. I fasci non raggiungevano il suolo e sembravano molto simili alle spade laser viste in seguito nei film *di Star Wars*. Scientificamente, tali fasci sarebbero impossibili, eppure i testimoni li videro chiaramente con i propri occhi. L'oggetto continuò la sua discesa fino a quando sembrò atterrare su una collina di fronte alla loro posizione.

Incuriositi, i giovani cristiani decisero di indagare. Presero delle torce elettriche e cominciarono a camminare verso la collina. Tuttavia, dopo aver percorso alcune centinaia di metri, furono fermati da una siepe gigante che era apparsa misteriosamente sul loro cammino. Era strano: quella siepe non c'era prima, e successive indagini confermarono che in quel luogo non esisteva alcuna barriera del genere. Sembrava che la siepe fosse apparsa dal nulla, bloccando loro l'accesso all'oggetto.

A quel punto, il senso di inquietudine si fece più profondo. Stava accadendo qualcosa di veramente insolito. François Tantot decise di avvicinarsi. Sbirciando attraverso la siepe, vide una grande massa a forma di tumulo nell'ombra, un oggetto completamente diverso dal velivolo più grande che avevano visto scendere dal cielo.

Il secondo oggetto sembrava assomigliare a un missile o a una struttura a forma di proiettile, anche se era più largo alla base. Mentre i testimoni osservavano, l'oggetto si illuminò improvvisamente e si rivelò enorme. Uno di loro suggerì che sembrava un autobus, ma molto più grande. Ne stimarono le dimensioni in circa 40 metri di larghezza.

I testimoni descrissero una serie di luci che circondavano l'oggetto, insieme a luci rosse agili che si muovevano sia all'interno che all'esterno di esso. Queste luci sembravano dischi. Alcuni degli osservatori ebbero l'idea di puntare le loro torce verso l'oggetto per vederlo meglio. Tuttavia, quando hanno puntato le torce verso di esso, i fasci di luce hanno iniziato a comportarsi in modo strano: hanno viaggiato in linea retta per una breve distanza, poi si sono piegati verso l'alto, sparando verso il cielo, proprio come le spade laser di *Star Wars*.

Improvvisamente, una delle grandi luci dell'oggetto ha diretto un potente raggio verso il gruppo, accecandoli temporaneamente da lontano. Alcuni testimoni hanno riferito di aver avvertito una sensazione di formicolio alle dita delle mani e alle ginocchia, un effetto spesso descritto come "formicolio" o "effetto Nole", osservato in altri incontri con UFO di luce solida. A quel punto, sono diventati sempre più ansiosi e spaventati e hanno deciso di ritirarsi.

Quando i giovani cristiani tornarono al loro campeggio, videro lo stesso oggetto che aveva attirato la loro attenzione all'inizio. Era ancora sospeso in aria e continuarono a osservarlo. Verso le 5 del mattino, il grande oggetto si alzò in volo e poi improvvisamente sfrecciò rapidamente verso sud.

La mattina seguente, tornarono sul campo per indagare, ma non trovarono nulla. L'oggetto era sparito. La misteriosa siepe era sparita. Non c'era traccia di nulla. Tuttavia, François Tantot scoprì alcune strane prove fisiche. Trovò un'area di erba bruciata e secca lunga circa 30 metri, che corrispondeva esattamente alle dimensioni del secondo oggetto che avevano visto. Quando parlò con il proprietario del terreno, Tantot venne a sapere che un contadino aveva recentemente bruciato del fieno in un boschetto vicino, il che poteva spiegare l'area bruciata.

Trovò anche un grosso ramo spezzato accanto a un pioppo sano. Le foglie sotto l'albero danneggiato apparivano grigiastre, rotonde e punteggiate da numerose macchie blu e bianche, un dettaglio strano che aggiungeva un ulteriore velo di mistero all'incontro.

Tantot informò il gruppo francese di ufologi *Lumières dans la nuit* ("Luci nella notte"). Questi ultimi condussero un'analisi chimica delle foglie di pioppo, ma non trovarono risultati conclusivi. Tantot riferì il suo avvistamento anche alla Gendarmeria della vicina Cluny e al quartier generale di Saint-Gengoux-le-National. I gendarmi registrarono la sua dichiarazione su nastro.

L'incidente di Taizé si distinse come uno degli incontri ravvicinati più intriganti e ben documentati della Francia. Rimase un caso avvincente negli annali degli avvistamenti UFO, notevole per la vicinanza dei testimoni all'oggetto e per le descrizioni dettagliate che fornirono. Nonostante le indagini, l'evento non fu mai spiegato in modo conclusivo e continuò a incuriosire sia i ricercatori che gli appassionati.

27

Piedmont Flap, Piedmont, Missouri, 1973

L a sera del 21 febbraio 1973, la squadra di basket della Clearwater High School stava tornando da un'importante partita di playoff, che purtroppo aveva perso per sette punti. Lo sport nel Missouri era una parte fondamentale della comunità, specialmente in una piccola città come Piedmont. Di conseguenza, il viaggio di ritorno fu solenne. Tutti cercavano di riprendersi dalla devastante sconfitta.

Per l'allenatore di pallacanestro Reginald Bone, il viaggio di ritorno era un'occasione per analizzare cosa fosse andato storto. La squadra era demoralizzata, discuteva dei propri errori e analizzava la partita. Si trovavano a circa 20 miglia da Piedmont, lungo una strada di campagna buia e tortuosa, fiancheggiata da alberi fitti.

All'improvviso, l'allenatore Bone vide un fascio di luce laterale che brillava verso il basso, un raggio luminoso e stretto. "Che cos'è?" si chiese. Non assomigliava a nulla che avesse mai visto prima. La sua reazione spinse i giocatori a scrutare il bosco, cercando di intravedere ciò che lui aveva notato. Un ragazzo scherzò dicendo che era un pallone da football nel cielo, ma l'allenatore Bone insistette che gli oggetti sembravano muoversi insieme a loro.

"È come se si muovessero con noi", disse.

Cosa poteva essere? Nessuno lo sapeva. Poteva trattarsi di qualcosa proveniente da un aereo, di un fenomeno meteorologico naturale o di un tipo insolito di fulmine. Tuttavia, quella non era una zona con molto traffico aereo, né c'erano basi militari o aeroporti nelle vicinanze. Niente avrebbe dovuto volare così basso.

Mentre il coach Bone cercava di dare un senso a quella luce misteriosa, lo scuolabus continuava a procedere attraverso il fitto bosco. Alla fine, perse di vista il fascio luminoso.

Nello stesso momento, in una fattoria a Mill Spring, nel Missouri, a circa 12 km di distanza dal coach Bone e dallo scuolabus, Edith Boatright si stava preparando per andare a dormire. Erano circa le 22:00 e tutte le luci della sua casa erano spente. Boatright era a letto ma non si era ancora addormentata quando notò delle luci insolite che brillavano attraverso la finestra. Dato che viveva vicino a una strada, il suo primo pensiero fu che fosse successo qualcosa sull'autostrada.

Qualunque cosa Boatright stesse osservando sembrava avvicinarsi. Spinta dalla curiosità, si alzò per dare un'occhiata. Sentì un sibilo e, inizialmente, pensò che potesse trattarsi di un incidente stradale, data la sua vicinanza all'autostrada. Tuttavia, ciò che vide non era alcun tipo di evento sulla strada. Osservò invece un oggetto che descrisse come un velivolo che si librava sopra il suo campo. Il velivolo aveva una sorta di elica rotante nella parte anteriore e una struttura simile a un ombrello sopra di essa. Questo piccolo oggetto simile a un ombrello era dotato di luci lampeggianti di colore ambra, rosso e verde. La parte anteriore del velivolo emetteva una luce bianca molto intensa.

"In un certo senso era simile a un elicottero, ma non sembrava esserlo", ha ricordato in seguito Boatright.

Sebbene avesse già visto degli elicotteri in precedenza, la forma e la pala rotante di questo oggetto erano diverse da qualsiasi cosa avesse mai visto prima. Inoltre, attraverso i finestrini luminosi, notò quelle che sembravano essere persone, o qualcosa del genere, muoversi all'interno. Era una sorta di nave? Erano finestrini? C'era qualcuno all'interno? Queste erano le domande che le affollavano la mente, anche se non aveva alcuna risposta.

Dall'altra parte, l'allenatore di pallacanestro del liceo Reginald Bone e la sua squadra continuavano il loro viaggio di ritorno a Piedmont, passando a breve distanza da Mill Spring e dalla fattoria di Edith Boatright. Improvvisamente, uno dei giocatori disse: "Guardate là, c'è qualcosa là fuori sopra il campo!".

Senza esitare, l'allenatore Bone chiese all'autista dello scuolabus di accostare al lato della strada per poter vedere meglio l'oggetto. Il fascio di luce lo infastidiva molto e voleva scoprire di cosa si trattasse.

"Scendiamo. Andiamo a vedere cosa sono. Forza."

Così, l'allenatore Bone e i suoi giocatori scesero dal veicolo. Quello che videro, a non più di 200 metri di distanza, era un oggetto che volteggiava molto basso sopra un campo. Osservarono quattro luci distinte - rossa, verde, ambra e bianca - allineate in fila, simili a oblò che volteggiavano appena sopra il suolo. Un ragazzo chiese all'allenatore cosa fosse quell'oggetto, ma l'allenatore ammise di non averne idea.

Passarono dieci minuti mentre osservavano quello strano spettacolo, poi accadde qualcosa di straordinario. L'oggetto schizzò verso l'alto nel cielo e poi decollò, scomparendo in un istante senza emettere alcun suono. Sia l'allenatore che la sua squadra persero di vista il velivolo, così come Edith Boatright.

In genere, quando le persone segnalavano avvistamenti UFO, gli oggetti apparivano solo per un breve istante o si muovevano rapidamente nel cielo. Tuttavia, l'allenatore Bone, i suoi giocatori ed Edith Boatright riuscirono a osservare questo oggetto per ben dieci minuti. Tutti e tre descrissero di aver visto le stesse luci rosse, verdi, ambra e bianche, rendendo molto probabile che sia il gruppo dell'allenatore Bone che Edith Boatright avessero assistito allo stesso velivolo. In entrambi i casi, va notato che questi oggetti, uguali o diversi che fossero, si muovevano in modi che nessun velivolo conosciuto era in grado di eseguire.

Gli avvistamenti del coach Reggie Bone e di Edith Boatright hanno segnato l'inizio di una serie di avvistamenti UFO a Piedmont, nel Missouri. Tra febbraio e aprile del 1973, i residenti di Piedmont e delle zone circostanti hanno assistito ad attività inspiegabili nel cielo. Alcuni credevano che gli UFO fossero semplicemente elicotteri che volavano a bassa quota, ma molti testimoni descrissero movimenti che nessun elicottero era in grado di compiere. Questi avvistamenti portarono a oltre 500 segnalazioni alla polizia locale, agli sceriffi e ai giornali. Gli incidenti finirono sui titoli dei giornali locali e, alla fine, anche i media nazionali iniziarono a occuparsi degli avvistamenti. Questa ondata di segnalazioni di UFO divenne in seguito nota come Piedmont UFO Flap del 1973.

Un ex consulente del Progetto Blue Book, l'unità di indagine sugli UFO dell'aeronautica militare statunitense, esaminò il caso e concluse che gli oggetti segnalati non potevano essere identificati. Sebbene non ci fosse stata alcuna indagine ufficiale da parte del governo sugli avvistamenti, il professore di fisica Dr. Harley Rutledge della Southeast Missouri State University condusse una propria ricerca e in seguito pubblicò i suoi risultati nel 1981 in *Project Identification: The First Scientific Field Study of UFO Phenomena (Progetto Identificazione: il primo studio scientifico sul campo dei fenomeni UFO)*.

Nel 2023, in occasione del 50° anniversario degli avvistamenti UFO a Piedmont, l'Assemblea Generale del Missouri ha approvato la legge SB139, che designa ufficialmente Piedmont e la contea di Wayne come capitali UFO del Missouri.

28

Avvistamento a Mansfield, Ohio, 1973

Il 18 ottobre 1973, intorno alle 23:00, Irma, suo figlio Charlie e sua nipote Karen stavano tornando a casa dopo una visita di famiglia. Stavano guidando attraverso i boschi bui dell'Ohio settentrionale. A un certo punto, Charlie sentì un bisogno urgente di fermarsi, così Irma accostò l'auto per farlo scendere.

A circa 800 metri sopra di loro, l'equipaggio di un elicottero dell'esercito americano stava tornando alla base di Cleveland. Stavano effettuando un volo di addestramento, registrando quelle che venivano chiamate "ore di volo notturno". Le norme richiedevano loro di accumulare un certo numero di ore notturne per mantenere la loro competenza.

Gli uomini nella cabina di pilotaggio erano riservisti, soldati part-time che prestavano servizio un fine settimana al mese, completavano due settimane di addestramento annuale in estate, ma avevano un lavoro civile a tempo pieno. A capo dell'unità 316 c'era il capitano Larry Coyne, un veterano con 19 anni di servizio nella Riserva dell'esercito, responsabile dell'elicottero e dell'operazione. Al suo fianco c'era il tenente Arrigo "Rick" Jezzi, un ingegnere chimico addestrato che fungeva da copilota.

Era una notte tranquilla. Jezzi manovrava l'elicottero nell'oscurità, mentre dietro la cabina di pilotaggio sedevano il sergente John Healey e il capo equipaggio Robert Yanacsek. L'equipaggio chiacchierava dei propri programmi per il fine settimana prima di accendere la radio per ascoltare la trasmissione in diretta di una partita di baseball.

All'improvviso, John Healey vide una luce rossa. All'inizio non era sicuro che fosse un aereo, ma non era molto vicino. Si muoveva parallelamente a loro, ma nella direzione opposta. Healey non era particolarmente preoccupato, tanto che non ne parlò nemmeno agli altri membri dell'equipaggio. Semplicemente non ci fece caso.

Healey non era l'unico ad aver visto la luce rossa. A terra, anche Charlie la vide quando era fuori dall'auto e chiamò sua madre. Tuttavia, Irma non prestò attenzione alla luce, poiché aveva fretta di tornare a casa. Pochi minuti dopo, la luce rossa apparve dall'altra parte dell'aereo e anche Yanacsek la vide. Da qualcosa che non rappresentava una minaccia, era diventata qualcosa che sembrava un possibile pericolo, perché stava manovrando intorno all'aereo. Era abbastanza luminosa e distinta da far sì che iniziassero a chiedersi cosa fosse.

"Ehi, Capitano, a cinque miglia di distanza... la vede?"

"Sì, tienilo d'occhio, ok?"

"Ricevuto."

In quel momento, la luce rossa virò e iniziò a dirigersi verso l'elicottero. L'equipaggio pensò inizialmente che potesse trattarsi di un caccia F-100, dato che la base della Guardia Nazionale Aerea di Mansfield Lahm si trovava a pochi chilometri di distanza, ma non sembrava un aereo a reazione. Un aereo tipico ha luci di navigazione sia rosse che verdi, ma non c'era alcuna luce verde. Inoltre, non c'era alcuna luce rossa anticollisione.

Ora l'equipaggio era un po' nervoso per la situazione. Si chiedevano cosa sarebbe successo dopo. Per assicurarsi di poter rispondere prontamente a qualsiasi potenziale minaccia, il capitano Coyne prese i comandi e contattò immediatamente via radio la torre di controllo.

"Mansfield, qui è l'elicottero dell'esercito uno-cinque-triplo-quattro."

"Qui è Mansfield Approach. Proceda, uno-cinque-triplo-quattro."

"Mansfield, uno-cinque-triplo-quattro. Avete qualche velivolo ad alte prestazioni in volo?"

Non ci fu alcuna risposta dalla torre di controllo. Il capitano Coyne ripeté la domanda, ma non ricevette alcuna risposta. L'equipaggio sapeva che i microfoni funzionavano, ma non sentiva alcuna risposta dal controllo del traffico aereo.

All'improvviso, la luce rossa si avvicinò rapidamente all'elicottero, così velocemente che sembrava che sarebbe entrata in collisione con loro in pochi secondi. In fretta, il capitano Coyne ordinò a tutti nella cabina di pilotaggio di allacciare le cinture di sicurezza e iniziò a far scendere bruscamente l'elicottero. Spingeva il collettivo, la leva utilizzata per controllare l'altitudine dell'elicottero, fino in fondo, finché non poteva più scendere. In pochi secondi, l'elicottero scese di 30 metri, ma non era ancora abbastanza veloce. La luce rossa scese con esso, posizionandosi direttamente davanti a loro, e una collisione in volo sembrava inevitabile.

In quel preciso istante, accadde qualcosa di veramente inspiegabile. L'oggetto davanti a loro emise un potente raggio di luce verde, che illuminò l'intera cabina. L'equipaggio intravide l'oggetto: un velivolo dall'aspetto metallico, a forma di sigaro, con una cupola sulla parte superiore. Poi, qualcos'altro sconvolse l'equipaggio. Ad un certo punto, l'elicottero smise di scendere. L'equipaggio ebbe la sensazione di essere sospeso in aria. Inoltre, persero momentaneamente l'orientamento, poiché la bussola non funzionava più correttamente. Sembrava che l'oggetto emettesse un forte campo elettromagnetico, che disturbava i sistemi operativi di bordo.

A terra, anche Charlie e sua madre assistettero alla scena impressionante. Irma accostò, scese dall'auto con suo figlio e guardò il cielo. Lì videro sia lo strano oggetto che l'elicottero illuminati dalla luce verde brillante. Improvvisamente, il raggio verde brillò su di loro. Temendo di poter essere feriti, Irma e i suoi figli saltarono rapidamente in macchina.

Tornato nell'elicottero, il capitano Coyne cercò di calmare l'equipaggio. Si trovavano direttamente sopra il lago Charles Mill, ma non potevano né salire né scendere. Improvvisamente, il raggio di luce verde davanti a loro si spense. L'oggetto si allontanò dall'elicottero e, nel momento in cui lo strano velivolo scomparve, l'elicottero iniziò a salire. Tutti rimasero sbalorditi nello scoprire che stavano salendo verso il cielo a una velocità straordinaria, anche se il collettivo rimaneva completamente abbassato.

"Che sta succedendo?"

"Stiamo salendo. Non capisco!"

"3.800... aspetta!"

In preda alla disperazione, il capitano Coyne andò contro ogni logica e tirò su il collettivo. Una volta raggiunti circa 3.800 piedi, l'elicottero subì un improvviso scossone, una sorta di urto fisico. All'improvviso, tutto iniziò a funzionare come doveva. L'elicottero smise di salire e ripresero il contatto con la torre di controllo.

"Qui è Mansfield Approach, procedete, uno-cinque-triplo-quattro."

Sembrava che qualcosa fosse stato disattivato dall'oggetto. Ora che il capitano Coyne aveva ripreso il controllo dell'aeromobile, l'equipaggio si sentiva sollevato di essere ancora tutto intero. Nonostante le sue numerose ore di esperienza di volo in elicottero, il capitano Coyne non aveva idea di cosa fosse successo. Non riusciva a pensare a nulla che potesse spiegare quelle circostanze in un elicottero. Qualunque cosa fosse, erano sopravvissuti e, sebbene fossero scossi, erano semplicemente felici di tornare a casa a Cleveland.

La mattina seguente, i testimoni furono interrogati sull'incidente. Tempi, distanze e direzioni comparabili sostenevano la possibilità che Irma e l'equipaggio dell'elicottero avessero visto lo stesso oggetto. Philip J. Klass, scettico sugli UFO, riteneva che l'equipaggio avesse scambiato una palla di fuoco della pioggia di meteoriti Orionidi per l'oggetto. Tuttavia, la ricercatrice di UFO Jenny Zyman respinse la teoria di Klass a causa della durata dell'incontro e della decelerazione e delle manovre ad angolo acuto dell'oggetto.

Nel 1978, l'Air Force permise all'equipaggio di parlare pubblicamente della loro esperienza nell'ambito di un'iniziativa volta a creare un comitato internazionale per lo studio degli UFO. Il capitano Coyne raccontò l'incidente alle Nazioni Unite. L'identità del misterioso oggetto rimane sconosciuta.

29

Avvistamento a Langenburg, Saskatchewan, Canada, 1974

L a mattina del 1° settembre 1974, il contadino trentaseienne Edwin Fuhr si stava preparando per la sua giornata di lavoro a Langenburg, Saskatchewan, Canada. Fuhr era un tipico contadino laborioso: gentile, umile e senza pretese. Quel giorno era domenica, tradizionalmente un giorno di chiesa e un'occasione importante per sua moglie. Tuttavia, Fuhr decise di rinunciare alla messa e di dedicarsi invece al raccolto. Salì sul suo trattore e si diresse verso i suoi campi. La famiglia Fuhr coltivava quella terra da generazioni. In quella parte del Saskatchewan era comune che le famiglie si tramandassero lo stesso appezzamento di terreno per decenni, persino secoli.

Ma quel giorno era destinato a essere diverso per Edwin Fuhr.

Quando arrivò al suo campo di colza, notò qualcosa che brillava al sole del mattino a circa 15 metri di distanza, proprio ai margini del campo. Il suo primo pensiero fu che il suo vicino, noto per i suoi scherzi burloni, stesse combinando di nuovo qualcosa di malizioso. I due uomini si conoscevano bene e il suo vicino spesso si divertiva a fare scherzi. Così Fuhr scese dal trattore per indagare. Man mano che si avvicinava, però, si rese conto che non si trattava di uno scherzo. A circa 30 centimetri dal suolo c'era un oggetto metallico a forma di cupola. La superficie sembrava di alluminio spazzolato: liscia, senza giunture e senza imperfezioni. Incuriosito, si avvicinò con cautela a circa 4,5 metri e osservò che l'oggetto ruotava rapidamente, facendo vorticare l'erba sottostante in una spirale stretta.

Fuhr era sbalordito. Non aveva mai visto nulla di simile. Chiaramente non era uno degli scherzi del suo vicino, né assomigliava a nessun macchinario conosciuto. Notò poi una struttura simile a un tubo o a un'asta che si estendeva dalla parte inferiore dell'oggetto e sondava una palude vicina. Stranamente, l'acqua della palude sembrava sollevarsi leggermente mentre l'oggetto le aleggiava sopra. In molti rapporti sugli UFO, si dice che i velivoli siano stranamente attratti dall'acqua, anche se nessuno sa veramente perché. Fuhr si chiese: *era reale? Se lo stava immaginando?*

Poi accadde qualcosa di ancora più straordinario. Fuhr alzò lo sguardo e vide altri quattro oggetti identici, disposti a semicerchio e sospesi silenziosamente, ciascuno dei quali ruotava rapidamente. Tutti e cinque gli oggetti avevano l'aspetto di ciotole capovolte con un leggero bordo. Avevano un diametro di circa 3 metri e un'altezza di 1,2-1,5 metri, con una finitura lucida in acciaio inossidabile. Non emettevano luce, non producevano alcun suono e non mostravano alcun mezzo di propulsione visibile.

All'improvviso, Fuhr fu colto dal panico. Era completamente solo, senza nessuno in vista per chilometri. *Quelle cose erano pericolose? Potevano fargli del male?* In preda al panico, si voltò e corse verso il suo trattore. Salì a bordo e cercò di avviare il motore, ma non accadde nulla. Girò la chiave più volte, ma il trattore rimase silenzioso. Gli strani oggetti sembravano interferire con il sistema elettrico del trattore, rendendolo completamente inutilizzabile.

In quel momento, uno degli oggetti si alzò in aria, emettendo un vapore grigio dalla parte inferiore. I restanti quattro iniziarono a vibrare e salirono in una formazione sfalsata, a gradini. Tutti e cinque gli oggetti raggiunsero un'altitudine di circa 200 piedi, dove rimasero sospesi in aria per uno o due minuti. Poi, senza preavviso, tutti e cinque si allontanarono ad alta velocità e scomparvero dal cielo in pochi secondi.

Fuhr osservò l'intero evento svolgersi davanti ai suoi occhi, scioccato e affascinato. Non aveva idea di cosa avesse appena visto: la sua mente era vuota. Alcuni ipotizzarono in seguito che gli oggetti potessero essere una sorta di droni. Tuttavia, l'incidente avvenne all'inizio degli anni '70, un'epoca in cui la tecnologia dei droni come la conosciamo oggi non esisteva.

Dopo che gli oggetti se ne furono andati, Fuhr si avvicinò alla zona in cui erano rimasti sospesi. Lì scoprì cinque distinte depressioni circolari nel campo. Ogni cerchio era quasi identico per dimensioni e diametro, e l'erba al loro interno era stata appiattita e arrotolata in senso orario. Queste formazioni, in seguito denominate "cerchi nel grano", non mostravano segni di calore o bruciature, il che suggerisce che non fossero state causate da aerei convenzionali che utilizzano carburanti a base di petrolio. È interessante notare che, in seguito, alcuni rapporti hanno indicato livelli elevati di radiazioni nelle aree in cui gli oggetti avevano sorvolato.

Il caso di Langenburg si distinse, in particolare perché avvenne durante il giorno e a distanza così ravvicinata. Potrebbe rappresentare uno dei primi casi registrati di quelli che in seguito sarebbero diventati noti come cerchi nel grano. Nella maggior parte dei casi successivi, gli agricoltori si svegliavano al mattino e trovavano formazioni elaborate e intricate apparse improvvisamente durante la notte. Ma in questo caso, Fuhr ha effettivamente assistito alla creazione dei misteriosi oggetti volanti mentre creavano le macchie a spirale nell'erba. Mentre molti cerchi nel grano sono ora considerati falsi, il caso di Langenburg ha coinvolto un testimone oculare credibile che ha osservato il fenomeno in tempo reale.

I cerchi nel grano divennero centrali in un'indagine successiva. Quando la Royal Canadian Mounted Police (RCMP) esaminò il sito, non trovò alcuna prova che suggerisse che i cerchi fossero stati creati dall'uomo. Non c'erano tracce, segni di manomissione e indicazioni che qualche attrezzatura fosse stata portata nel campo. Gli oggetti sembravano arrivare dal cielo e ripartire allo stesso modo.

Due giorni dopo il primo incontro di Fuhr, egli scoprì un sesto cerchio vicino ai cinque originali. Due settimane dopo ne apparve un settimo. Nel giro di poche settimane, furono segnalati almeno 15 cerchi in sette diversi siti del Saskatchewan.

La RCMP ha inoltrato le sue scoperte al Consiglio Nazionale delle Ricerche Canadese, che ha suggerito che i cerchi fossero probabilmente cerchi delle fate, ovvero motivi circolari naturali lasciati da un tipo di fungo che uccide le piante. Tuttavia, molti esperti hanno respinto questa teoria, sottolineando che i cerchi delle fate raramente hanno dimensioni uniformi e, sebbene influenzino la vegetazione, non è mai stato riscontrato che creino motivi a spirale in senso orario.

L'incidente attirò una notevole attenzione da parte dei media e Fuhr ricevette migliaia di richieste di interviste da tutto il mondo. L'avvistamento di Langenburg continua ad affascinare sia i ricercatori che gli appassionati di UFO. Nel 2024, la Royal Canadian Mint ha commemorato il 50° anniversario dell'evento con il rilascio di una moneta da collezione speciale che raffigura l'avvistamento.

Nonostante le numerose spiegazioni proposte nel corso degli anni, non è mai stata accettata universalmente una risposta definitiva. Il mistero di Langenburg rimane uno degli incontri UFO più affascinanti e ben documentati del Canada.

30

Incidente alla base aerea di Loring, Limestone, Maine, 1975

I l 27 ottobre 1975, il sergente maggiore Danny K. Lewis stava lavorando al turno di notte appena fuori dall'area di stoccaggio delle armi. Lewis era un membro del distaccamento di sicurezza della base aerea di Loring, che pattugliava la base e controllava che non ci fossero attività insolite.

La base aerea di Loring, situata appena oltre il confine canadese, era all'epoca la più grande base di bombardieri del Comando Aereo Strategico degli Stati Uniti. Durante la Guerra Fredda, un periodo caratterizzato da tensioni costanti e dalla minaccia incombente di una guerra nucleare tra Stati Uniti e Unione Sovietica, ospitava una delle più alte concentrazioni di armi nucleari. Per questo motivo, la sicurezza della base era estremamente rigida. Chiunque violasse il perimetro avrebbe dovuto affrontare gravi conseguenze: persino alcuni dei soldati di stanza lì non erano pienamente consapevoli dell'entità dell'arsenale nucleare conservato sul posto.

Per Lewis, quella notte inizialmente non sembrava diversa dalle altre. Tuttavia, intorno alle 19:45, improvvisamente vide un oggetto avvicinarsi nel cielo a bassa quota, a circa 300 piedi. L'oggetto emetteva una luce rossa fissa e una luce stroboscopica bianca, muovendosi avanti e indietro con un andamento irregolare. Sembrava trovarsi appena oltre il perimetro della base, ma comunque pericolosamente vicino. Lewis non riuscì a identificare il tipo di velivolo, ma il suo movimento ricordava quello di un elicottero, poiché saliva e scendeva a brevi intervalli. Dato che nessun velivolo era autorizzato ad avvicinarsi alla base senza autorizzazione, si preoccupò e contattò immediatamente via radio la torre di controllo.

"Torre, qui è la pattuglia WSF. State monitorando un elicottero a est-nord-est, a poche miglia di distanza?"

"Pattuglia WSF, ricevuto. Lo sto individuando proprio ora. A est-nord-est, ma senza identificativo. Vi richiamo al riguardo. Passo."

La torre tentò di contattare il velivolo, richiedendone l'identificazione. Nonostante i ripetuti tentativi sulle frequenze civili e militari, l'oggetto intruso non rispose.

"Pattuglia WSF, non riusciamo a identificare quel velivolo."

La situazione diventava sempre più urgente. Un oggetto non identificato si stava avvicinando a una base militare riservata e nessuno poteva confermarne l'identità o le intenzioni. Lewis contattò immediatamente il posto di comando del 42° Bomb Wing per segnalare l'aggravarsi della situazione.

"Comandante della base, qui è la pattuglia WSF. Stiamo seguendo un elicottero a est-nord-est, a poche miglia di distanza."

Il sergente Lewis raggiunse il comandante della base, che si precipitò immediatamente in cima alla torre di osservazione. Profondamente preoccupato per la possibilità di una violazione nei pressi del deposito di armi, il comandante afferrò un binocolo. Da lì, vide chiaramente l'oggetto non identificato librarsi nel cielo, volteggiando intorno alla base.

Improvvisamente, l'oggetto che stavano osservando sfrecciò rapidamente attraverso il cielo e scomparve in un batter d'occhio. Allo stesso tempo, il radar nella torre perse completamente traccia dell'oggetto. Temendo che la base potesse essere già stata infiltrata, il comandante ordinò al sergente Lewis di indagare. Inoltre, mise l'intera base sotto la Opzione di Sicurezza 3, un allarme di sicurezza elevato. Tutte le unità K-9 e il personale della Sezione di Polizia Militare (MPS) furono dispiegati per ispezionare l'area e assicurarsi che nessun individuo non autorizzato fosse entrato nella base. Nonostante la ricerca approfondita, non trovarono alcun segno che l'area di stoccaggio delle armi, o qualsiasi altra struttura, fosse stata manomessa.

Ventiquattro ore dopo, la base rimaneva in stato di massima allerta. Il sergente Lewis tornò al suo posto nell'area di stoccaggio delle armi e riprese i suoi compiti di pattugliamento. Improvvisamente, vide un oggetto avvicinarsi nuovamente alla base da nord-est, proprio come la notte precedente. Tuttavia, questa volta, il suo movimento era ancora più insolito. Il velivolo stava volando direttamente sopra la base, dirigendosi verso la struttura di stoccaggio delle armi nucleari. Si stava avvicinando rapidamente e si librava a un'altitudine pericolosamente bassa di circa 150 piedi, a soli 300 metri di distanza.

In quel momento, Lewis capì che non poteva trattarsi di un elicottero. Un elicottero avrebbe avuto riflessi di luce visibili sulle pale del rotore e luci di navigazione standard, ma questo oggetto non aveva né l'uno né l'altro. La cosa più sorprendente era che non emetteva alcun suono. Non c'era il caratteristico rumore del motore tipico degli elicotteri. Il velivolo era completamente silenzioso.

La situazione era ormai critica: un oggetto non identificato si stava avvicinando a un deposito di armi nucleari ad alta sicurezza e le sue intenzioni erano sconosciute. Lewis contattò immediatamente via radio il posto di comando.

"Posto di comando, pattuglia WSF. Signore, abbiamo un intruso!"

L'oggetto aveva ormai violato il perimetro della base aerea di Loring. Teso e in stato di massima allerta, il sergente Lewis alzò l'arma e la puntò contro il velivolo. Qualsiasi velivolo che entrasse nello spazio aereo militare riservato rischiava di essere abbattuto, ma l'autorità di prendere la decisione finale spettava esclusivamente al comandante della base. Prima di ingaggiare un bersaglio era necessario seguire protocolli rigorosi: dopotutto, sparare per errore su un velivolo civile poteva portare a gravi conseguenze.

In quel momento critico, il comandante della base arrivò sul posto. Lewis lo informò immediatamente della situazione ed entrambi volgevano lo sguardo al cielo notturno. Eccolo lì: l'oggetto, che si librava silenziosamente a soli 150 piedi dal suolo. Poi, senza preavviso, svanì davanti ai loro occhi in un batter d'occhio, senza lasciare traccia.

Nel frattempo, fuori dai vicini hangar dei B-52, i sergenti Steven Eichner e R. Jones stavano lavorando vicino alla linea di volo. Eichner era un capo equipaggio di B-52 e Jones un meccanico di B-52. Ignari della violazione della sicurezza in corso, continuarono a svolgere i loro compiti.

Improvvisamente, il sergente Jones notò una strana luce che si avvicinava nel cielo. Avvisò immediatamente Eichner e insieme osservarono il misterioso oggetto. Era un velivolo rosso-arancio, a forma di pallone da football, che volteggiava silenziosamente sopra le loro teste. Proprio come gli avvistamenti precedenti, l'oggetto si muoveva con movimenti improvvisi e a scatti. Non aveva mezzi di propulsione visibili - né eliche, né motori, né ali - e non emetteva alcun suono. Il velivolo sorvolò la loro posizione e iniziò a dirigersi verso l'area riservata dove erano conservate le armi nucleari.

Rendendosi conto della potenziale minaccia, Eichner e Jones saltarono rapidamente su un camion di lancio e seguirono l'oggetto il più da vicino possibile. Nel frattempo, anche il comandante della base notò la ricomparsa dell'oggetto.

"Torre di controllo, qui è il comandante della base. L'oggetto è tornato, signore, vicino agli hangar. Sembra che sia atterrato".

Eichner e Jones raggiunsero rapidamente un'area riservata scarsamente illuminata mentre continuavano a inseguire l'oggetto. Rendendosi conto di non essere autorizzati a trovarsi lì, decisero di interrompere l'inseguimento e di ritirarsi. Inaspettatamente, proprio mentre iniziavano a tornare indietro, una luce accecante esplose improvvisamente davanti a loro. Nella luce, videro l'oggetto librarsi silenziosamente a solo un metro e mezzo dal suolo. Il velivolo brillava con una distorsione simile a un miraggio, simile alle onde di calore che si alzano dalla sabbia calda del deserto. Eichner e Jones non avevano mai visto nulla di simile prima d'ora. Guardarono lo strano oggetto con stupore.

Pochi istanti dopo, sentirono il suono delle sirene della sicurezza che si avvicinavano. Il comandante della base, il sergente Lewis, e diverse unità dello Squadrone della Polizia Militare (MPS) stavano rapidamente arrivando sul posto. Rendendosi conto di aver attraversato una zona ad alta sicurezza senza autorizzazione, Eichner e Jones si allontanarono rapidamente in auto per evitare provvedimenti disciplinari. Nel frattempo, Lewis uscì dal veicolo e si avvicinò cautamente all'oggetto con l'arma in pugno. Si trovava a pochi metri dal velivolo e l'aria era carica di tensione.

Poi, senza preavviso, la luce del velivolo si spense e questo scomparve di nuovo davanti ai loro occhi. Nella torre di controllo, gli operatori radar rilevarono brevemente l'oggetto mentre accelerava verso nord-est in direzione del confine canadese ad alta velocità. In pochi istanti, proprio come la prima notte, il radar perse completamente il contatto con esso. A terra, le unità MPS continuarono a perlustrare l'area, confermando ancora una volta che nessuno era atterrato e che non erano stati trovati segni di intrusione.

L'incidente della base aerea di Loring rimane uno dei rari casi in cui il governo degli Stati Uniti ha riconosciuto che un velivolo non identificato aveva penetrato lo spazio aereo sopra un impianto di armi nucleari, senza essere in grado di identificare l'origine o l'operatore del velivolo. Subito dopo l'ultimo avvistamento, la base aerea di Loring inviò una serie di messaggi ad alta priorità al Pentagono, al capo di stato maggiore dell'aeronautica militare e al quartier generale del Comando aereo strategico. Uno di questi messaggi raccomandava vivamente a tutte le basi della Northern Tier di attuare un allarme di sicurezza di livello 3 lungo il confine tra Stati Uniti e Canada.

Tre anni dopo, il giornalista newyorkese Barry Greenwood avviò un'indagine sul caso e presentò delle richieste ai sensi del Freedom of Information Act. In risposta, il Dipartimento della Difesa rese pubblici dei documenti che confermavano che, appena tre giorni dopo l'incidente di Loring, era stato segnalato un oggetto non identificato simile che sorvolava l'area di stoccaggio delle armi della base aerea di Wurtsmith a Oscoda, nel Michigan, a quasi 1.100 miglia di distanza. Ben presto emersero ulteriori segnalazioni di avvistamenti simili sopra basi dell'aeronautica militare nel Montana, nel North Dakota e persino nell'Ontario, in Canada. L'identità di questi oggetti rimane un mistero.

31

L'incidente UFO di Teheran, Iran, 1976

La notte del 18 settembre 1976, Teheran era avvolta dal silenzio. Il caldo torrido del giorno aveva lasciato il posto a una fresca brezza desertica. La gente sui tetti si godeva l'aria della sera. Teheran, la vivace capitale dell'Iran, era un luogo in cui le antiche tradizioni si fondevano a fatica con l'era dei jet. La Guerra Fredda aveva messo in allerta le superpotenze mondiali e l'Iran, sotto lo scià Mohammad Reza Pahlavi, era un alleato chiave degli Stati Uniti. L'Aeronautica Militare Imperiale Iraniana era tra le più avanzate della regione, equipaggiata con jet da combattimento americani all'avanguardia e piloti altamente addestrati: un fiore all'occhiello della forza militare in Medio Oriente.

Eppure, nonostante tutte le sue moderne attrezzature militari, nulla nell'arsenale dello Scià poteva preparare le sue forze a ciò che stava per accadere.

Tutto iniziò poco dopo mezzanotte, con una serie di chiamate frenetiche e urgenti che inondarono il comando principale della difesa aerea di Teheran. Decine di civili nei distretti settentrionali di Shemiran segnalarono uno strano oggetto nel cielo. Lo descrissero come più grande e luminoso di qualsiasi stella, che sfrecciava in modi impossibili per qualsiasi aereo.

All'interno dell'aeroporto di Mehrabad, anche il controllore di volo Hossein Pirouzi stava ricevendo molte telefonate di questo tipo. Inizialmente respinse le prime segnalazioni con scetticismo, poiché i suoi schermi radar non mostravano nulla di insolito. Pensò che i cittadini stessero scambiando una stella o il pianeta Venere per qualcosa di misterioso. Tuttavia, Pirouzi cambiò presto idea quando uscì con un binocolo e vide l'oggetto librarsi nel cielo: cilindrico, lungo sette-otto metri, con estremità pulsanti di colore bianco-blu e una luce rossa che ne circondava la parte centrale. Pirouzi capì immediatamente che non si trattava di un evento ordinario. Preoccupato, contattò via radio la catena di comando, allertando il suo diretto superiore in merito alle segnalazioni visive anomale e all'assenza di segnali radar.

L'informazione giunse rapidamente al generale Nader Yousefi, allora comandante del Comando di difesa aerea dell'Aeronautica militare imperiale iraniana. Yousefi, noto per la sua leadership decisa, comprese la gravità della presenza aerea sconosciuta sopra la capitale. Ordinò un'azione immediata: far decollare i caccia per intercettare e identificare l'oggetto.

All'1:30 del mattino, il primo jet da combattimento supersonico F-4 Phantom II decollò dalla base aerea di Shahrokhi, pilotato dal tenente Yaddi Nazeri. Nazeri spinse al massimo i motori e salì verso il bersaglio luminoso. All'inizio, la luce sembrava mantenere la sua posizione. Poi, man mano che il Phantom si avvicinava, il bagliore si intensificò, diventando così luminoso che il pilota dovette strizzare gli occhi, e l'oggetto accelerò istantaneamente, lasciandolo indietro come se la gravità non avesse alcun effetto su di esso.

Mentre Nazeri cercava di riprendere il contatto visivo, virò il suo jet per continuare l'inseguimento. Tuttavia, quando si avvicinò a circa 28 miglia, accadde qualcosa di inaspettato: tutti gli strumenti della cabina di pilotaggio smisero improvvisamente di funzionare. Il radar: spento. Le comunicazioni: silenziose. Le armi: non rispondevano. Solo quando si staccò e si allontanò dall'oggetto, i suoi sistemi tornarono in funzione. Nazeri comunicò via radio alla base la sua situazione e fu costretto a chiedere il permesso di disimpegnarsi.

Insoddisfatto del risultato, il generale Nader Yousefi inviò rapidamente un secondo intercettore. Questa volta, la missione fu affidata a un pilota esperto, il maggiore Parviz Jafari. Utilizzando il radar di bordo, Jafari acquisì il bersaglio a circa 31 miglia. Il segnale radar indicava qualcosa di enorme, diverse volte più grande di un Boeing 707 cisterna, che si librava davanti a lui, molto più grande di qualsiasi aereo conosciuto. L'oggetto emetteva luci lampeggianti blu, verdi, rosse e arancioni, che cambiavano così rapidamente che a volte sembravano bianche.

Jafari avvicinò il suo F-4 Phantom e si preparò a lanciare un AIM-9 Sidewinder, un missile aria-aria supersonico progettato per agganciare la firma termica di un aereo nemico. Ma in quel momento l'oggetto reagì. Una sfera più piccola e luminosa si staccò dal velivolo principale e si lanciò verso di lui a una velocità incredibile. Non si comportava come un missile, non c'era alcun arco o oscillazione, solo un avvicinamento diretto e deciso.

Percependo il pericolo, Jafari tentò di sparare, ma in quel momento il pannello delle armi si spense. Anche la radio e la maggior parte degli strumenti della cabina di pilotaggio si spensero. Solo la cloche e l'acceleratore rimasero funzionanti. Eseguendo una rapida manovra evasiva in picchiata e una forte virata, riuscì a evitare per un soffio la luce in arrivo. Quando guardò di nuovo, la sfera si era fermata bruscamente, era rimasta sospesa per un attimo, poi era tornata al velivolo più grande, fondendosi con esso silenziosamente.

Mentre Jafari stabilizzava il suo velivolo, un'altra sfera più piccola emerse dal grande oggetto e scese rapidamente verso terra. Si preparò a un'esplosione, ma invece rallentò e atterrò delicatamente alla periferia della città, illuminando un'area di circa due miglia con una luce intensa. I testimoni a terra riferirono in seguito di un lampo brillante seguito da una serie di strani segnali acustici prima che la luce svanisse.

Poco dopo, l'oggetto principale si allontanò improvvisamente e rapidamente, scomparendo dalla vista in pochi secondi. Una volta ripristinati i suoi sistemi, Jafari comunicò via radio alla base le coordinate del luogo di atterraggio della sfera e tornò sano e salvo con il suo velivolo intatto.

La mattina seguente, Jafari e il suo ufficiale addetto alle armi hanno sorvolato in elicottero il presunto luogo di atterraggio. Non hanno trovato detriti, solo un forte segnale acustico intermittente. Ciò è stato confermato dagli investigatori dell'aeronautica militare, che hanno setacciato l'area senza trovare traccia di alcun velivolo. La popolazione locale ha riferito di macchie bruciate nel terreno e di un ronzio soprannaturale che sembrava aleggiare nell'aria. Gli addetti alla difesa americani a Teheran, allertati dell'incidente, redassero un rapporto riservato che rimase nascosto per decenni prima di venire alla luce, uno dei più dettagliati incontri con UFO mai documentati.

Subito dopo l'incidente, i militari e i funzionari governativi iraniani rimasero perplessi. I rapporti di piloti di caccia esperti, operatori radar e testimoni a terra raccontavano tutti la stessa storia: qualunque cosa fosse entrata nei cieli di Teheran nella notte tra il 18 e il 19 settembre 1976, era ben oltre le capacità di qualsiasi velivolo conosciuto.

L'Aeronautica Militare Imperiale Iraniana presentò un rapporto ufficiale che includeva dati radar, testimonianze dei piloti e registri tecnici che documentavano le anomalie riscontrate durante l'incontro. Questo dossier fu inoltrato al Dipartimento della Difesa degli Stati Uniti attraverso gli accordi di condivisione delle informazioni esistenti tra l'Iran e gli Stati Uniti. In particolare, l'Agenzia di intelligence della difesa degli Stati Uniti classificò il caso come "rapporto eccezionale", facendolo circolare alla Casa Bianca, al Segretario di Stato, al Joint Chiefs of Staff, alla NSA e alla CIA. Rimane uno degli incontri UFO più accuratamente documentati che coinvolgono personale militare.

Sono emerse diverse teorie. Con le tensioni della Guerra Fredda alle stelle, alcuni ufficiali iraniani hanno ipotizzato che l'oggetto potesse essere una piattaforma di ricognizione sovietica classificata, progettata per sondare le difese aeree dell'Iran. Tuttavia, gli scettici di questa idea hanno sottolineato che la capacità del velivolo di disattivare più sistemi d'arma, eseguire accelerazioni estreme e superare in manovrabilità i jet supersonici suggeriva una tecnologia ben oltre qualsiasi cosa presente nell'arsenale sovietico dell'epoca. Lo stesso ragionamento ha in gran parte escluso fenomeni atmosferici o astronomici.

Sebbene non sia mai stato ufficialmente approvato dal governo iraniano, diversi ufficiali militari hanno ammesso in privato che l'accelerazione, l'agilità e l'apparente consapevolezza dell'oggetto riguardo all'aereo che lo inseguiva suggerivano un'intelligenza non di origine umana. Anni dopo, un alto ufficiale dell'aeronautica militare disse: "Se non proveniva dalla Terra, allora abbiamo avuto un assaggio di qualcosa di molto più avanzato di noi".

Decenni dopo, il 12 novembre 2007, il generale in pensione Parviz Jafari si presentò davanti al pubblico del National Press Club di Washington. Rivolgendosi a leader mondiali, giornalisti e scettici, raccontò in dettaglio gli eventi di quella notte. La sua testimonianza servì a ricordare il mistero irrisolto dell'incontro di Teheran e quante incognite attendono ancora l'umanità nella vastità dell'universo.

32

Chupa-Chupa, Isola di Colares, Brasile, 1977

Il 12 agosto 1977, a Colares, nell'Oceano Atlantico al largo della costa brasiliana, alcuni amici si riunirono dopo una giornata di lavoro. Colares era un'isola non lontana dalla città di Belém, capitale dello stato di Pará nella regione amazzonica del Brasile. La maggior parte degli abitanti dell'isola di Colares viveva di pesca, conducendo una vita molto semplice. Per il pescatore quarantacinquenne Carlos Cardoso de Paula e tutti gli altri abitanti di Colares, quella notte era insolitamente tranquilla.

Negli ultimi tre anni, quasi tutte le sere erano state segnalate strane luci minacciose in tutta l'isola, un fenomeno che la gente del posto chiamava Chupa-Chupa. Nella lingua locale, Chupa-Chupa significava "Succhiatore-Succhiatore", chiamato così perché si credeva che le luci prosciugassero l'energia o il sangue delle loro vittime. A partire dal lontano 1975 e raggiungendo il suo apice tra luglio e dicembre 1977, l'intera comunità era stata colpita da questi avvistamenti. Carlos era uno dei pochi abitanti dell'isola che non aveva mai visto lo strano fenomeno. Ma quella notte, tutto stava per cambiare.

Mentre Carlos era in piedi accanto al fuoco, intento ad arrostire il pesce, uno strano punto luminoso apparve improvvisamente nel cielo notturno. Si avvicinò rapidamente alle persone a terra e ben presto tutti lo videro. Coloro che lo avevano già visto in precedenza lo riconobbero come il Chupa-Chupa e il panico si diffuse sui loro volti.

"Oh no, non di nuovo... mio Dio!" "Guardate lì, il Chupa-Chupa!"

Nel cielo, una palla di fuoco si avvicinava a loro. L'oggetto era grande come un pallone da calcio, ruotava nell'aria ed emetteva un bagliore minaccioso. Le persone si alzarono in piedi, con la paura palpabile. In preda alla disperazione, cominciarono a battere pentole e lattine, mentre altri sparavano in aria con le loro pistole, facendo tutto il possibile per spaventare il Chupa-Chupa. Lo consideravano un'invasione ed erano determinati a respingerlo.

Ma i loro sforzi furono vani. Il Chupa-Chupa continuò la sua discesa, librandosi presto direttamente sopra di loro. Improvvisamente, la palla infuocata iniziò a sparare raggi di luce contro le persone. Coloro che venivano colpiti dai raggi venivano immediatamente scaraventati a terra. Alle persone coinvolte nel caos sembrava di essere state fulminate. Le vittime urlavano di dolore mentre la paura consumava l'atmosfera.

Dopo alcuni istanti, il Chupa-Chupa sembrò decidere che era ora di andarsene. La palla di fuoco smise di sparare, si voltò e scomparve dalla vista. Lasciò strani segni sui corpi delle persone colpite dai raggi di luce. Per Carlos e i suoi amici, non si trattava solo di una vaga luce o forma nel cielo. Non era un incontro fugace. Era una comunità sotto assedio.

Tuttavia, questo non fu l'unico incontro di Carlos con il Chupa-Chupa. Nel giro di poche settimane, avrebbe vissuto un'altra esperienza terrificante.

Il 2 settembre 1977, Carlos era a casa e si preparava ad andare a dormire, fumando la sua ultima sigaretta. Improvvisamente, una palla di luce entrò in casa. Il Chupa-Chupa era lì con lui. Carlos sentì immediatamente come se stesse perdendo il controllo dei muscoli. Il suo corpo si rifiutava di rispondere. La palla di fuoco si muoveva per la stanza, ma lui non poteva fare nulla. La sua mente rimaneva lucida, ma il suo corpo era paralizzato.

A un certo punto, il Chupa-Chupa sembrò saltare da una gamba all'altra, riempiendolo di paura. Vederlo fuori era una cosa, ma affrontarlo dentro casa sua, sotto attacco, era tutta un'altra cosa. Carlos sentì che il Chupa-Chupa stava cercando una vena nelle sue gambe per estrarre il suo sangue. Sopraffatto dal terrore, urlò.

Mentre lo faceva, la sfera di luce sembrò indietreggiare. Rimbalzò in aria, iniziò a salire e in pochi istanti scomparve davanti ai suoi occhi. All'improvviso, Carlos era di nuovo solo nella stanza.

Carlos cercò di alzarsi in piedi, ma inciampò. Era chiaramente debole e disorientato. Come altri testimoni, le vittime del Chupa-Chupa riferirono che la loro energia era stata prosciugata. Molti dissero che per decenni non erano mai riusciti a recuperare la stessa forza che avevano prima degli attacchi.

Carlos rischiò una lunga camminata notturna fino all'unica clinica medica dell'isola. Una volta arrivato, non poté fare a meno di gridare aiuto a causa del dolore e del disagio. Fu immediatamente accolto e curato dalla dottoressa Wellaide Cecim Carvalho e dai suoi assistenti.

La dottoressa Wellaide Cecim Carvalho era probabilmente la persona più istruita dell'intera comunità, eppure stava per affrontare qualcosa per cui tutta la sua formazione medica e la sua istruzione non potevano prepararla. Centinaia di persone che erano state vittime del Chupa-Chupa vennero a visitarla, e Carlos era solo uno di loro. All'inizio sospettò che potesse trattarsi di una forma di isteria. Tuttavia, mentre esaminava queste persone, le fu chiaro che presentavano effetti fisici reali.

La dottoressa Carvalho iniziò a parlare con i testimoni e, con ogni caso, la sua sorpresa cresceva. C'erano ferite sulle spalle, sul petto e sul collo. I pazienti presentavano segni di ustioni e sintomi di esposizione alle radiazioni. Molti lamentavano debolezza e disorientamento, e lei ipotizzò che alcuni avessero perso sangue. Nonostante i suoi sforzi, non riuscì a ricondurre i loro sintomi a nessuna malattia conosciuta. Mentre gli scettici potevano supporre che si trattasse di malaria o di una malattia simile, la dottoressa Carvalho era ben preparata per diagnosticare tali condizioni, e questa era qualcosa di completamente diverso.

Anche dopo aver ascoltato tutte queste storie e aver visto le prove fisiche sui locali, una parte della dottoressa Carvalho rimaneva scettica. Tuttavia, i suoi dubbi scomparvero rapidamente. Una sera, mentre camminava all'aperto, vide una palla di fuoco luminosa emergere nel cielo. In quel momento, ricordò immediatamente i racconti dei suoi pazienti e temette di poter essere attaccata lei stessa. Ma quell'oggetto, qualunque cosa fosse, si limitò a muoversi rapidamente nel cielo senza spararle alcun raggio di luce. Ora non ne aveva solo sentito parlare, ma ne era diventata lei stessa testimone.

Ciò che colpiva dell'ondata di attacchi dei Chupa-Chupa era che avvenivano solo in Brasile e solo in quel determinato periodo di tempo. Nella letteratura sugli UFO non c'era nulla di paragonabile a ciò che era accaduto a Colares, né in altre parti del mondo né in altri periodi.

Inevitabilmente, con centinaia, se non migliaia, di segnalazioni e incontri, la notizia degli eventi raggiunse i più alti livelli del governo brasiliano. Nel settembre 1977, l'aeronautica militare brasiliana, guidata dal capitano Uyrangê Hollanda, avviò un'indagine top secret chiamata Operazione Saucer per esaminare il fenomeno. Molti dei militari di stanza a Colares riferirono di aver visto degli UFO nel corso di quattro mesi. Il team documentò numerosi avvistamenti e catturò persino fotografie e video degli oggetti luminosi. Lo stesso capitano Hollanda affermò in seguito di aver visto gli UFO da vicino.

Nel 1977, circa 9.000 abitanti di Colares, il 90% della popolazione, fuggirono dall'isola spaventati, per non tornare mai più. Alcuni funzionari brasiliani ipotizzarono che le luci fossero una sorta di test di armi avanzate da parte dell'esercito statunitense, ma nessuna prova ha mai confermato questa ipotesi. Il governo brasiliano alla fine richiamò la squadra investigativa e classificò tutti i file relativi, tenendoli segreti fino alla fine degli anni '90.

33

L'incidente della contea di Marshall, Minnesota, 1979

Poco dopo la mezzanotte del 27 agosto 1979, la stazione di polizia della contea di Marshall ricevette una chiamata che segnalava attività sospette che coinvolgevano diversi presunti contrabbandieri di veicoli diretti a nord sulla Route 220. Il centralinista rispose rapidamente inviando il vice sceriffo Val Johnson a indagare nella zona.

Il vice Val Johnson, un agente di 35 anni del dipartimento dello sceriffo della contea di Marshall, stava effettuando un pattugliamento di routine vicino alla città di Warren, al confine con il North Dakota. Dopo aver ricevuto la segnalazione, si è immediatamente diretto verso l'autostrada 220 nel Minnesota settentrionale. In breve tempo si è avvicinato al luogo segnalato.

"Centrale 407. Ricevuto. Procedo con cautela. Mantengo il contatto radio".

"Centrale 407. Ricevuto, mi dirigo a ovest. Mi sto avvicinando all'autostrada 220. Vi terrò informati."

Quando il vice sceriffo Johnson contattò via radio la stazione, sia lui che il dispatcher notarono l'ora: erano quasi le 1:40 del mattino. Si trovavano su un tratto remoto dell'autostrada statale 220 e non c'erano altri veicoli in vista. Col senno di poi, questo momento si sarebbe rivelato fondamentale per valutare cosa fosse successo all'agente Johnson.

Mentre guidava lungo una delle piccole strade di campagna, Johnson notò una luce che aleggiava appena sopra gli alberi in lontananza. Inizialmente pensò che potesse trattarsi di un aereo di contrabbandieri che scaricava merci prima di ripartire. Avvisò rapidamente via radio la centrale.

"Centrale 407. Ho individuato un possibile velivolo basso sull'orizzonte. Potrebbero essere dei sospetti che scaricano merci. Vado a controllare".

"Ricevuto, 407."

Preoccupato che i trafficanti potessero fuggire dalla scena, l'agente Johnson accelerò fino a raggiungere una velocità elevata nel tentativo di avvicinarsi alla luce. Tuttavia, man mano che si avvicinava, cominciò a notare qualcosa di insolito. L'oggetto non aveva le luci di navigazione lampeggianti tipiche degli aerei e i suoi movimenti erano innaturali. La luce che emetteva era intensamente brillante, diversa da qualsiasi cosa avesse mai visto su un aereo convenzionale. Johnson cominciò a rendersi conto che probabilmente quello che stava vedendo non era un aereo. *Che cosa poteva essere?*

All'improvviso, la luce apparve direttamente davanti a lui, librandosi bassa sopra la strada. Un attimo dopo, si precipitò direttamente verso il suo veicolo ad alta velocità. L'intensità della luce lo accecò temporaneamente e l'ultima cosa che ricordò fu di aver sentito un forte schianto, probabilmente il parabrezza che si frantumava, prima di perdere conoscenza.

Non era chiaro quanto tempo fosse passato quando il vice Johnson aprì lentamente gli occhi. La sua vista era sfocata e sembrava soffrire di cecità da saldatura, una condizione causata dall'esposizione a una luce estremamente brillante, che lo rendeva temporaneamente incapace di vedere chiaramente. Aveva le costole gravemente contuse e aveva subito una commozione cerebrale. Disorientato e dolorante, Johnson faticava a capire cosa gli fosse successo o dove fosse finita quella strana luce. Non riusciva nemmeno a spiegarsi il parabrezza rotto. Chiamò immediatamente via radio la centrale per chiedere aiuto.

"Centrale, non so come spiegarlo... qualcosa ha colpito la mia auto".

Allarmato, il dispatcher inviò rapidamente un'altra pattuglia sul posto. Alla fine della trasmissione, l'ora era registrata: 2:33 del mattino.

Ma qualcosa non quadrava per Johnson. Controllò sia l'orologio elettronico del cruscotto che il suo orologio da polso a carica manuale: entrambi segnavano le 2:19 del mattino, con un ritardo di 14 minuti rispetto all'ora della centrale. In molti incontri con gli UFO, è noto che gli oggetti interferiscono con i dispositivi elettronici, potenzialmente attraverso campi elettromagnetici. Tuttavia, il fatto che sia il cruscotto digitale che l'orologio da polso meccanico fossero indietro esattamente dello stesso tempo lasciò perplessi gli investigatori. L'oggetto aveva causato una forma di dilatazione temporale intorno a Johnson e al suo veicolo? Nessuno poteva dirlo con certezza.

Ben presto, altri agenti arrivarono sul posto. Scoprirono che l'auto di pattuglia di Johnson era uscita di strada ed era finita in un fosso. Il veicolo mostrava segni di danneggiamento. Johnson disse loro che la luce aveva "saltato sull'auto" e che era stato accecato all'istante prima di perdere conoscenza. Sottolineò che non si trattava di un veicolo convenzionale e che non aveva mai visto nulla di simile in vita sua. Gli agenti lo scortarono rapidamente all'ospedale per le cure.

La polizia avviò un'indagine approfondita sull'incidente. Tutte le prove furono accuratamente documentate e analizzate. L'auto di pattuglia danneggiata di Johnson fu esaminata da un team di ingegneri, che conclusero che era stata colpita da un veicolo di tipo artificiale. Alcuni investigatori ipotizzarono che potesse essersi scontrato con un aereo che volava a bassa quota, mentre altri suggerirono che il veicolo potesse essere stato colpito da un fulmine. Tuttavia, nessuna teoria riusciva a spiegare la discrepanza di 14 minuti tra gli orologi di Johnson e l'ora effettiva.

L'incidente è diventato uno degli incontri con gli UFO più credibili e ampiamente studiati negli Stati Uniti. L'auto di pattuglia danneggiata di Johnson è ancora esposta al Marshall County Historical Society Museum di Warren, nel Minnesota. Il vice sceriffo Val Johnson non ha mai cercato la fama. Alla fine si è ritirato dalla vita pubblica e si è dimesso dalle forze dell'ordine, continuando a sostenere la sua versione dei fatti, anche se non ha mai affermato di capire esattamente cosa avesse vissuto. Nelle interviste ha semplicemente dichiarato:

"Non so cosa fosse. Mi piacerebbe sapere cosa fosse".

Il rapporto ufficiale sull'incidente concluse che l'auto di pattuglia di Johnson aveva subito danni di origine sconosciuta.

34

L'incidente di Dechmont Woods, Livingston, Scozia, 1979

Il 9 novembre 1979, il guardaboschi Robert Taylor stava effettuando un'ispezione della proprietà di cui era responsabile vicino alla città di Livingston, in Scozia, come faceva ogni mattina. La foresta di Dechmont Wood era di proprietà della Livingston Development Corporation e Robert Taylor era una delle persone chiave responsabili della sua manutenzione.

I compiti di Robert Taylor comprendevano il monitoraggio della foresta. Doveva assicurarsi, ad esempio, che le recinzioni fossero mantenute in buono stato e che tutto funzionasse correttamente. Taylor era anche un eroe di guerra: si era distinto durante la seconda guerra mondiale come pilota di carri armati, aveva partecipato all'evacuazione di Dunkerque e aveva preso parte al D-Day, nome in codice dell'invasione alleata della Normandia, in Francia, il 6 giugno 1944. Era anche un assiduo frequentatore della chiesa e noto per essere una persona sincera e affidabile.

Quel giorno, come al solito, Taylor portò con sé il suo cane: era solo un altro giorno di lavoro come tanti altri. Il suo cane lo accompagnava ovunque ed era considerato quasi parte della squadra. All'ingresso della foresta, Taylor notò dei segni freschi sul terreno, come se degli oggetti pesanti fossero passati di lì di recente. Sospettando che ci fossero degli intrusi nella proprietà, prese il suo cane e iniziò a cercare delle anomalie.

Si può dire che Taylor conoscesse quei boschi come il palmo della sua mano. Conosceva molto bene la zona ed era un membro molto rispettato della comunità. Mentre continuava la sua ricerca di possibili intrusi, si addentrò nella foresta.

Aveva camminato per circa mezzo miglio nel bosco quando il suo cane, normalmente calmo e ben educato, iniziò a comportarsi in modo strano. Cominciò ad abbaiare furiosamente e sembrava in difficoltà, come se reagisse a qualcosa di insolito.

"Calmati! Hai visto qualcosa, amico? C'è qualcosa là fuori?"

Taylor continuò ad avanzare. Dopo aver camminato ancora un po', raggiunse una piccola radura. All'improvviso, qualcosa attirò la sua attenzione, ma non era proprio davanti a lui. Era dall'altra parte della radura. Sembrava essere lì e non esserci, come se l'aria stessa fosse distorta. A volte riusciva a vedere gli alberi dall'altra parte della radura, ma poi una forma indistinta gli impediva la vista. Assomigliava alla foschia tremolante che si può vedere nel deserto.

Poi, senza preavviso, la sfocatura e la distorsione svanirono, rivelando un oggetto chiaro davanti a lui.

"Che diavolo è?!"

Era qualcosa che non aveva mai visto prima. Aveva trovato l'intruso nella foresta di Dechmont, ma non si trattava di un normale trasgressore. Lo strano oggetto sembrava avere una forma approssimativamente circolare, con una sorta di bordo intorno. Taylor lo descrisse come una sfera metallica con delle sporgenze nella parte inferiore che sembravano gambe di atterraggio. Dall'interno dell'oggetto udì uno strano rumore, un suono ripetitivo e martellante che riecheggiava nell'aria.

Qualunque cosa fosse, avrebbe potuto ucciderlo. Eppure, da eroe di guerra, veterano militare e uomo di straordinario coraggio, Taylor non scappò. Al contrario, si avvicinò, determinato a vedere meglio.

Dopo che l'oggetto iniziò a emettere quei rumori, sembrarono emergere da esso due oggetti più piccoli. Questi oggetti più piccoli avevano delle punte, che Taylor paragonò alle mine della Seconda Guerra Mondiale, qualcosa che conosceva molto bene grazie al suo servizio militare. I due piccoli oggetti gli vennero incontro sfrecciando sul terreno e, quando le loro punte colpirono la terra, sentì uno strano rumore simile a uno scoppio. Stava assistendo a qualcosa che andava oltre il suo quadro di riferimento, qualcosa che era completamente al di fuori della sua esperienza.

Robert cercò di scappare, ma in quel momento i due oggetti più piccoli si attaccarono alle sue gambe, con le punte che gli penetravano nei pantaloni. Un odore nocivo e acre riempì l'aria, un odore ripugnante che gli fece credere che fosse stato rilasciato qualche tipo di gas. Ciò che era ancora più terrificante era che questi oggetti non erano semplicemente attaccati ai suoi pantaloni, ma lo stavano trascinando verso l'oggetto principale. La maggior parte degli avvistamenti UFO riguardava luci lontane nel cielo, ma questo era qualcosa di molto più agghiacciante. Stava subendo un'aggressione fisica. A quel punto, perse conoscenza.

Quando Robert Taylor riprese conoscenza, stimò di essere rimasto svenuto per circa 20 minuti. Poteva solo supporre che durante quel lasso di tempo fosse stato all'interno dell'oggetto. Quando cercò di alzarsi, inciampò, chiaramente ancora debole e disorientato.

Guardandosi intorno, si rese conto che l'oggetto era scomparso. Tuttavia, mentre esaminava la radura, trovò strani segni sul terreno, di due tipi distinti: alcuni fori rotondi e diverse linee orizzontali. Era chiaro che qualcosa era stato lì.

Il suo primo istinto fu quello di chiamare aiuto. Barcollò fino al suo camion, ma quando cercò di usare la radio, scoprì di non riuscire a parlare: la sua voce non usciva. Taylor pensò che la sua incapacità di parlare fosse un effetto collaterale del gas nocivo rilasciato dall'oggetto.

La bizzarra storia di Robert Taylor non era facile da ignorare. Era conosciuto come un uomo affidabile e sincero, il tipo di persona che si vorrebbe in una giuria. Non era il tipo da inventare storie assurde, il che rendeva il suo racconto ancora più convincente.

La polizia ha successivamente indagato sull'avvistamento di Robert Taylor, trattando la sua esperienza con gli oggetti appuntiti come un'aggressione. Un'analisi forense dei pantaloni di Taylor ha rivelato strappi nel tessuto dal basso verso l'alto, un riscontro coerente con le sfere che lo avevano afferrato dal basso. Il detective Ian Wark, investigatore della scena del crimine, è arrivato alla radura per esaminare l'incidente. Ha osservato strani segni sul terreno, tra cui circa 32 fori, ciascuno del diametro di 3,5 pollici, nonché tracce simili a quelle lasciate dai cingoli di un caterpillar. Tuttavia, nessun macchinario della Livingston Development Corporation corrispondeva a questi segni, lasciando l'oggetto misterioso come unica spiegazione plausibile. Inoltre, la polizia ha scoperto che i segni insoliti non apparivano in nessun altro luogo: era come se fossero semplicemente arrivati, come se un elicottero o qualcosa di simile fosse atterrato dal cielo.

Robert Taylor recuperò completamente la voce nel giro di poche ore. Una visita medica non rivelò alcuna anomalia fisica, ma individuò delle abrasioni sui fianchi compatibili con i segni di strappo sui pantaloni. Quando la polizia ispezionò la radura, i segni sul terreno erano ancora visibili. I successivi test sui campioni di terreno non fornirono risposte definitive sulla loro causa. La copertura mediatica dell'incidente attirò centinaia di curiosi, costringendo la polizia a isolare l'area e a chiuderla al pubblico.

L'incidente di Dechmont Woods è stato uno dei pochissimi casi incredibili e difficili da spiegare al mondo. Sebbene siano emerse molte teorie su ciò che è realmente accaduto a Robert Taylor, come l'epilessia, le allucinazioni, i fulmini globulari e i miraggi, una visita medica non ha trovato alcuna prova di un attacco epilettico. Anche se l'esperienza soggettiva di Taylor potesse essere attribuita all'epilessia o alle allucinazioni, gli strani e distinti segni sul terreno non potrebbero essere spiegati. La polizia ha interrogato Robert Taylor tre volte, ma lui non ha mai cambiato la sua versione dei fatti. Oggi, nei boschi di Dechmont rimane un sentiero UFO che guida i visitatori nel luogo in cui Taylor ha avuto il suo insolito incontro ravvicinato.

35

L'incidente di Rosedale, Victoria, Australia, 1980

I l 30 settembre 1980, il veterano bracciante agricolo George Blackwell stava lavorando in un allevamento di bestiame di 600 acri nell'arido Outback australiano. In qualità di custode della proprietà, Blackwell era un dipendente fidato e una persona altamente affidabile. Ricopriva questo ruolo da diversi anni e la sua responsabilità principale era quella di garantire la sicurezza e il benessere del bestiame e degli altri animali.

Il furto di bestiame poteva sembrare una cosa del passato, ma rimaneva un problema reale, anche nell'era moderna. In Australia, i ladri di bestiame high-tech erano noti per utilizzare qualsiasi mezzo, dai rimorchi dei trattori agli aerei cargo, per rubare il bestiame. Sebbene nessun incidente del genere si fosse verificato nella proprietà gestita da Blackwell, egli rimaneva vigile e sensibile a qualsiasi disturbo insolito, sempre pronto a reagire a qualsiasi cosa sospetta.

Quella notte, mentre dormiva, Blackwell fu improvvisamente svegliato da un forte trambusto tra il bestiame. Uscendo per indagare, notò che il suo cavallo era estremamente spaventato. Gli animali sono spesso più sensibili all'ambiente circostante rispetto agli esseri umani, in grado di percepire rumori acuti o sottili onde elettromagnetiche. In quel momento, Blackwell notò qualcosa di insolito in lontananza.

Era un oggetto a forma di disco che si muoveva a un'altitudine estremamente bassa. All'inizio, Blackwell pensò che fosse un qualche tipo di aereo. Ma mentre lo guardava attraversare la proprietà, si rese conto che sembrava essere in rotta di collisione con il vicino serbatoio d'acqua da 10.000 galloni. Preoccupato, saltò immediatamente sulla sua moto per inseguire il misterioso oggetto volante.

Un altro motivo che spinse Blackwell a indagare furono i recenti incidenti locali che avevano coinvolto il furto di bestiame. Ma ciò che incontrò quella notte era chiaramente diverso da qualsiasi velivolo convenzionale avesse mai visto. Il livello di angoscia tra gli animali era insolitamente intenso, il che lo portò a sospettare brevemente che potesse trattarsi di un'operazione high-tech di furto di bestiame. Seguendo il percorso dell'oggetto, sperava di avere una visione più chiara di ciò che stava accadendo nella proprietà.

Quando Blackwell girò l'angolo, fece una scoperta sorprendente. Una mucca era sola, chiaramente in uno stato di estrema angoscia, con la bava alla bocca e il desiderio disperato di fuggire. Quando girò la testa verso il serbatoio dell'acqua, si trovò faccia a faccia con l'oggetto.

Si scoprì che non aveva nulla a che fare con un'operazione di furto di bestiame. Osservò invece un oggetto a forma di disco con una cupola, di circa 25 piedi di diametro e 12-15 piedi di altezza. Ciò che era immediatamente evidente era che non si trattava di un normale aereo o elicottero. Non aveva ali, né eliche, né nulla che assomigliasse a un velivolo convenzionale. Il velivolo era adornato con luci arancioni e blu e presentava una fila di luci che assomigliavano a oblò. Sulla parte inferiore dell'oggetto c'era una fascia nera o sferica che lo circondava.

All'inizio, l'oggetto si librava molto basso sopra il suolo. Poi è sceso lentamente e sembrava essersi posato sul serbatoio dell'acqua. Dal fondo del velivolo è emersa un'estensione tubolare, che sembrava aspirare l'acqua dal serbatoio. Quando i ricercatori hanno successivamente riesaminato il caso, alcuni hanno ipotizzato che l'acqua potesse far parte di un processo di rifornimento o raffreddamento. Indipendentemente dallo scopo esatto, era chiaro che le azioni dell'oggetto erano direttamente collegate all'acqua.

Mentre Blackwell osservava, cominciò a sentirsi a disagio, sempre più agitato e fisicamente instabile. Notò che il suo orologio si era fermato, il che suggeriva una sorta di interferenza elettromagnetica nella zona.

Improvvisamente, l'oggetto emise un acuto stridio. Il suono era così intenso, la vibrazione così forte, che lui tremò fisicamente. Un attimo dopo, perse il controllo del proprio corpo. Si sentiva come se si fosse trasformato in un piatto di gelatina, perdendo quasi tutta la stabilità muscolare. Una cosa era innegabile: l'oggetto stava avendo un effetto fisico diretto su di lui. Incapace di sostenere il proprio peso, George Blackwell crollò a terra.

Non era chiaro quanto tempo fosse trascorso quando l'oggetto si alzò improvvisamente a circa 20-30 piedi di altezza. Allo stesso tempo, ci fu un'esplosione di aria calda. Mentre l'oggetto si allontanava dalla torre dell'acqua, rilasciò una pioggia di detriti costituiti da sterco di vacca, capeweed (un tipo di erba locale) e pietre. Il disco continuò poi ad allontanarsi fino a scomparire dalla vista, lasciando George Blackwell completamente sbalordito nell'oscurità, mentre cercava di elaborare lo straordinario evento che si era appena verificato.

La mattina seguente, Blackwell scoprì un segno circolare sul terreno nel punto in cui l'oggetto era atterrato. L'anello, del diametro di circa 9 metri, era costituito da erba appiattita con sei "raggi" equidistanti di erba quasi intatta che si irradiavano dal centro. Quando controllò il suo serbatoio d'acqua da 37.854 litri, rimase scioccato nel trovarlo completamente vuoto, nonostante non ci fossero segni di perdite o danni strutturali. Gli investigatori appresero in seguito che la notte prima dell'incidente, un vicino aveva visto un oggetto luminoso e colorato nel cielo più o meno alla stessa ora dell'avvistamento di George Blackwell. Anche altri residenti della zona riferirono di aver assistito a simili attività UFO e di aver subìto perdite d'acqua inspiegabili nello stesso periodo.

Subito dopo l'incontro, Blackwell iniziò a manifestare sintomi quali vomito, diarrea e forti mal di testa, segni compatibili con una possibile esposizione alle radiazioni. Tuttavia, i campioni di terreno prelevati dal sito non rivelarono alcuna traccia di contaminazione innaturale.

L'incidente di Rosedale rimane uno dei casi UFO più avvincenti dell'Australia, contraddistinto dalle prove fisiche e dalla credibilità dei testimoni.

36

L'incidente di Alan Godfrey, Inghilterra, 1980

I l 29 novembre 1980, alla stazione di polizia di Todmorden nel West Yorkshire, in Inghilterra, gli agenti erano di pattuglia notturna. Era un altro sabato sera tranquillo e solo pochi agenti erano all'interno.

Alle 5 del mattino, una telefonata ruppe la quiete. La persona al telefono sembrava un po' nervosa e segnalò la fuga di bestiame dal complesso residenziale di Burnley. Sembrava che la recinzione del contadino avesse un buco e che le mucche vagassero per tutta la strada vicino alle case.

"Abbiamo qualcuno lì?"

"Uh, l'agente Godfrey."

L'agente Allan Godfrey era un tipico poliziotto di una piccola città, molto apprezzato dalla comunità locale. Ricevette la chiamata dal suo collega. Dopo aver confermato la sua posizione vicino al complesso residenziale di Burnley Road, gli fu chiesto di controllare le mucche vaganti. Inizialmente, l'agente Godfrey pensò che fosse uno scherzo, ma dopo aver verificato con il suo collega, si diresse verso il complesso residenziale di Burnley Road.

Mentre Godfrey si avvicinava al complesso, comunicò la sua posizione al collega e iniziò a cercare le mucche. Fuori era molto buio e, a parte la sua auto di pattuglia, la strada era deserta. Improvvisamente, mentre scrutava la zona, vide qualcosa di strano sulla strada. Sembrava un grosso veicolo inclinato trasversalmente sulla strada davanti a lui. In quel frazione di secondo, pensò che un autobus avesse sbandato su Burnley Road, causando forse un incidente. Godfrey contattò immediatamente via radio il suo collega per chiedergli se fossero stati segnalati incidenti, ma il collega negò di aver ricevuto segnalazioni di questo tipo.

Godfrey decise di indagare. Sembrava che un autobus bloccasse la strada in senso orizzontale. Aveva investito una delle mucche o il conducente aveva frenato bruscamente e sbandato per evitare una collisione? Chiaramente, pensò che i due incidenti fossero collegati. Dal suo punto di vista, indipendentemente dalla causa, potevano esserci dei feriti e avrebbe dovuto aiutare a soccorrere le persone.

Man mano che si avvicinava, gli fu chiaro che non si trattava di un autobus. L'agente si fermò a circa 30 metri dall'oggetto che stava osservando: una sorta di velivolo solido. Lo descrisse come un oggetto a forma di diamante, di circa 5 metri per 6, che si librava e ruotava. La luce che emetteva era così intensa che dovette alzare la mano per proteggersi gli occhi. In quel momento, Godfrey era così vicino all'oggetto che un pensiero gli attraversò la mente: Sono in pericolo fisico qui?

"Oh mio Dio, che diavolo è quello?!"

Godfrey non aveva mai visto nulla di simile prima d'ora. Cercò rapidamente nella sua mente una spiegazione razionale: era un pallone aerostatico, un ultraleggero o qualche altro velivolo conosciuto? L'oggetto assomigliava alla parte inferiore di un jet Harrier, in grado di decollare e atterrare verticalmente. Ma se fosse stato così vicino a un Harrier, il rumore dei motori sarebbe stato assordante. Eppure, questo oggetto era quasi completamente silenzioso.

"Centrale, qui è Godfrey. Mi ricevete?"

In preda al panico, Godfrey contattò via radio il suo collega, ma non ottenne risposta.

"Centrale, qui è l'agente Godfrey. Mi ricevete?"

Godfrey provò di nuovo con la sua radio personale, ma non riuscì ancora a mettersi in contatto. Non c'era nulla, solo interferenze. Quindi utilizzò la sua radio principale per chiamare la centrale, ma ancora una volta non riuscì a mettersi in contatto con il controllo. Entrambi i sistemi di comunicazione completamente indipendenti fallirono contemporaneamente, suggerendo che una fonte di energia esterna o il sistema di propulsione dell'oggetto stavano interferendo con le radio. Non avendo altre opzioni, Godfrey decise di fare l'unica cosa che poteva fare in quel momento: registrare ciò che stava vedendo. Prese rapidamente la penna e il taccuino e iniziò a disegnare l'oggetto davanti a lui.

Improvvisamente, accadde qualcosa di molto bizzarro. L'oggetto emise un'esplosione di raggi di luce accecanti, che turbinavano intorno al suo veicolo. Godfrey non riusciva a vedere nulla davanti a sé e alzò istintivamente le mani per proteggersi dalla luce. Il tempo sembrò fermarsi. Nel momento successivo in cui riprese coscienza, Godfrey si ritrovò con la sua auto a circa 300 piedi più avanti sulla strada. Guardandosi intorno, vide che l'oggetto era scomparso.

Scese dall'auto ed esaminò attentamente la zona. Notò che il terreno dove l'oggetto era rimasto sospeso sembrava più asciutto rispetto all'area circostante al di fuori del percorso circolare. Godfrey non riusciva a comprendere cosa gli fosse appena successo. Sconvolto, saltò di nuovo nella sua auto di pattuglia e guidò direttamente alla stazione di polizia di Todmorden.

Alla stazione, i colleghi di Godfrey erano sempre più preoccupati per la sua incolumità. Lo avevano chiamato più volte, ma non erano riusciti a contattarlo. In quel momento, Godfrey entrò barcollando nella stazione.

"Godfrey, dove sei stato? Hai trovato le mucche?"

I suoi colleghi erano preoccupati: non sembrava stare bene. Godfrey non rispose alle loro domande. Era invece sbalordito da qualcosa di insolito nell'orologio appeso alla parete: segnava le 6:30 del mattino.

"Com'è possibile?!"

Manca quasi un'ora e Godfrey non riesce a spiegarlo. Essendo un tipo pratico e preoccupato per le conseguenze che questo incidente avrebbe avuto sulla sua fedina penale, si preoccupò moltissimo di come riferire l'accaduto.

"Di cosa diavolo stai parlando? Dove sei stato?"

Godfrey non sapeva come rispondere alla domanda. Le prove fisiche erano chiare e doveva affrontare il fatto che gli era successo qualcosa di veramente straordinario.

"Signore, dovrà venire con me."

Il suo collega, l'agente Malcolm Agley, accettò di tornare con lui sul luogo dell'incontro. Quando arrivarono, trovarono una zona circolare di foglie e rami spezzati e, all'interno del cerchio, il terreno era notevolmente più asciutto rispetto all'area circostante. L'agente Malcolm Agley era sorpreso.

Ma c'era qualcos'altro che non si poteva spiegare: le mucche di Burnley Road erano riuscite in qualche modo a entrare in un campo da rugby improvvisato e recintato nelle vicinanze. La cosa particolarmente strana era che il campo era chiuso su tre lati, con un solo punto di accesso a circa mezzo miglio di distanza. Come erano arrivate lì?

Godfrey e Agley esaminarono attentamente l'area, ma non c'erano segni o tracce che indicassero che le mucche avessero camminato da quella direzione. Era quasi come se qualcuno avesse preso tutte e sei le mucche e le avesse posate delicatamente sul campo da rugby.

La ricerca per scoprire cosa fosse successo all'agente di polizia Godfrey iniziò immediatamente. Il custode della scuola locale Lionel Smith riferì di aver visto uno strano oggetto nel cielo circa cinque minuti prima dell'avvistamento di Godfrey. Inoltre, altri due agenti di polizia della vicina Littleborough affermarono di aver visto una luce misteriosa quella notte, circa 30 minuti prima del suo incontro.

Poiché lo stivale di Godfrey era squarciato e su uno dei suoi piedi era comparso un segno pruriginoso dopo che aveva ripreso conoscenza dalla luce accecante, fu sottoposto a ipnosi in quattro occasioni separate per scoprire cosa fosse successo durante l'ora perduta. Sotto ipnosi, Godfrey descrisse di essere svenuto dopo essere stato accecato dalla luce intensa. Affermò che una forma di vita aliena lo aveva rapito e che, quando si era risvegliato, si era ritrovato in una strana stanza, dove era stato esaminato da diverse piccole creature e da una figura alta e umanoide con la barba.

Godfrey affermò in seguito di essere stato espulso dalla polizia per aver insistito sulla sua versione dei fatti. Nonostante lo scherno e lo scetticismo, non ritrattò mai la sua versione.

37

L'incidente della foresta di Rendlesham, Suffolk, Inghilterra, 1980

Nelle prime ore del mattino del 26 dicembre 1980, intorno alle 3 del mattino, il sergente maggiore Jim Penniston stava pattugliando la foresta di Rendlesham quando ricevette una chiamata urgente che segnalava un sospetto incidente aereo vicino al perimetro della base. Penniston rispose immediatamente e si precipitò verso il luogo dell'incidente segnalato.

All'epoca, Penniston prestava servizio nell'aeronautica militare statunitense in Inghilterra, nel pieno della guerra fredda. Era il responsabile della sicurezza della base di Woodbridge, una delle due basi che componevano il complesso di Bentwaters. Il clima politico era teso e qualsiasi evento insolito destava preoccupazione. L'ipotesi iniziale era che un aereo civile fosse precipitato e avesse forse provocato un incendio, ma c'era anche il timore che potesse trattarsi di un aereo sovietico o del Patto di Varsavia, il che rendeva la situazione ancora più urgente.

Quando Penniston raggiunse il margine della foresta di Rendlesham, incontrò l'aviere di prima classe John Burroughs e l'aviere di prima classe Edward Cabansag, che avevano assistito alle luci e credevano che un velivolo fosse precipitato. A Cabansag fu ordinato di rimanere indietro e di occuparsi delle radio, mentre Burroughs e Penniston avanzarono nella foresta per indagare.

In genere, gli incidenti aerei sono accompagnati da segni evidenti, come l'odore di carburante, detriti e fuoco, ma nessuno dei due osservò alcuno di questi indicatori. Poi, a circa 300 piedi di distanza, avvistarono delle luci tremolanti. Burroughs, che conosceva bene le luci degli aerei e degli elicotteri, notò immediatamente che quelle che stavano vedendo non corrispondevano ai colori standard delle luci di navigazione.

Poiché la teoria iniziale dell'incidente sembrava meno probabile, emerse una preoccupazione più urgente per la sicurezza: quell'oggetto poteva rappresentare una minaccia per la base? Dato il contesto della Guerra Fredda, non si poteva escludere la possibilità di spionaggio, sabotaggio o incursione straniera. Tutto il personale militare era in costante allerta per qualsiasi cosa sospetta.

"Controllo East Gate, mi ricevete?" chiesero via radio a Cabansag, ma non ottennero risposta.

"Controllo del cancello est, mi ricevi?", provarono di nuovo. Ancora nessuna risposta. Per ragioni sconosciute, iniziarono a perdere la comunicazione radio.

Improvvisamente, un lampo di luce brillante esplose da una piccola radura davanti a loro, accecandoli temporaneamente. Quando la vista tornò gradualmente, Burroughs e Penniston si trovarono faccia a faccia con un oggetto misterioso diverso da qualsiasi cosa avessero mai visto prima. L'oggetto era un piccolo velivolo triangolare luminoso, alto circa tre metri e largo tre metri alla base. Aveva una superficie eccezionalmente liscia, opaca, simile al vetro nero, con una qualità metallica. Penniston notò l'assenza di un carrello di atterraggio, anche se sembrava poggiare su gambe fisse. Il velivolo pulsava e vibrava di energia, senza mostrare segni di ali, eliche o qualsiasi sistema di propulsione conosciuto.

Data la sua profonda esperienza in materia di aerei e droni, Penniston si rese conto che stava guardando qualcosa che non era stato realizzato dalla tecnologia umana. Il velivolo aveva una luce rossa pulsante sulla parte superiore e una serie di luci blu sotto. All'esterno, al cancello est, anche Cabansag vide dei segnali luminosi pulsanti nella foresta che apparivano rossi, blu e bianchi.

In quel momento, Penniston avvertì una sorta di carica elettrica proveniente dall'oggetto. I suoi capelli si rizzarono e gli venne la pelle d'oca sulle braccia. Avvicinandosi, Penniston cominciò a vedere strani simboli incisi sulla superficie del velivolo. Questi simboli non assomigliavano a nessuna lettera o numero conosciuto, ma sembravano piuttosto geroglifici egizi. Penniston tirò fuori la macchina fotografica e scattò diverse fotografie dell'oggetto da diverse angolazioni.

Improvvisamente, Penniston sentì un bisogno inspiegabile di toccare il velivolo. Lentamente, si avvicinò e allungò la mano. Nel momento in cui le sue dita entrarono in contatto con la superficie, sentì una scarica elettrica attraversargli il corpo. Penniston riferì in seguito di aver sperimentato quello che descrisse come un "download telepatico" di codice binario al momento del contatto. Trascrisse questo codice nel suo taccuino. Una volta decodificato, il codice binario avrebbe contenuto le coordinate di vari siti antichi in tutto il mondo.

Dopo circa 45 minuti, il velivolo decollò e si alzò in volo. In un istante, accelerò fino a raggiungere una velocità incredibile e scomparve nel cielo notturno. Normalmente, un'accelerazione così rapida, specialmente quando si supera la barriera del suono, genererebbe un boom sonico, ma in questo caso l'oggetto rimase completamente silenzioso. Penniston notò che non era stato rilevato alcun suono.

Dopo la partenza del velivolo, Penniston e Burroughs continuarono ad avanzare tra gli alberi, sperando di avvistare nuovamente l'oggetto, ma non era più visibile. A quel punto, le loro radio tornarono improvvisamente in funzione e ricevettero una risposta da Cabansag. Rendendosi conto che l'oggetto era scomparso, i due uomini decisero di tornare alla base.

Il giorno successivo, il sergente Penniston tornò nella foresta di Rendlesham. Lì scoprì segni di bruciature, rami spezzati e impronte triangolari nel terreno, prove che secondo lui indicavano il luogo di atterraggio del velivolo. Pochi giorni dopo, gli investigatori dell'aeronautica militare statunitense setacciarono l'area e rilevarono livelli di radiazioni significativamente superiori alla norma. Penniston fu poi informato dal laboratorio fotografico della base che nessuna delle sue fotografie era venuta bene. Gli fu negato l'accesso ai negativi. Nel 1988, John Burroughs si sottopose a ipnosi. Durante la seduta, disse a un investigatore che ricordava di essere stato attratto da una luce e di essersi sentito disorientato durante l'incontro.

L'incidente della foresta di Rendlesham, spesso definito "il Roswell britannico", rimane uno degli incontri UFO più avvincenti e ben documentati nel Regno Unito. È stato un evento che ha cambiato la vita sia a Penniston che a Burroughs, e anche adesso, a distanza di oltre trent'anni, continua a tormentarli. Tuttavia, il Ministero della Difesa britannico (MoD) ha concluso che gli eventi non rappresentavano una minaccia per la sicurezza nazionale e quindi non giustificavano ulteriori indagini. Ad oggi, il governo americano continua a rifiutarsi di commentare pubblicamente il caso.

38

L'incidente Cash-Landrum, Contea di Liberty, Texas, 1980

L a notte del 29 dicembre 1980, Betty Cash, la sua amica Vickie Landrum e il nipote di Vickie, Colby, di sette anni, speravano di giocare a bingo. Ma quella sera non furono fortunati: avevano dimenticato che era periodo di festività e tutte le sale da bingo erano chiuse. Alla fine rinunciarono e decisero di tornare a casa in auto.

Il trio stava percorrendo una tranquilla strada di campagna nella regione di Piney Woods, a nord-est di Houston, in Texas. La zona era scarsamente popolata. Verso le 21:00, improvvisamente notarono una luce brillante in lontananza, bassa rispetto al suolo e appena sopra gli alberi. All'inizio pensarono che fosse un aereo in avvicinamento all'aeroporto intercontinentale di Houston. Dopotutto, l'aeroporto si trovava a soli 30-35 miglia a sud e la regione ospitava diverse strutture militari e civili.

Tuttavia, mentre continuavano a guidare lungo la strada buia per oltre un'ora, l'oggetto rimase visibile e non scomparve mai dalla loro vista. Cominciarono a rendersi conto che non poteva trattarsi di un normale aereo. Man mano che si avvicinavano lungo la strada isolata a due corsie, la luce proveniente dall'oggetto si intensificò. Quello che videro dopo era diverso da qualsiasi cosa avessero mai visto prima: un grande velivolo a forma di diamante che si librava all'altezza delle cime degli alberi. Ancora più strano era il fatto che dalla sua parte inferiore uscissero dei lampi luminosi simili a fulmini. L'oggetto si librava a soli 100-150 piedi dal suolo, pericolosamente vicino alla loro auto.

Vickie Landrum era terrorizzata da ciò che vedeva. Esortò immediatamente la sua amica a fare inversione.

"Dai, Betty! Andiamo!"

"Ci sto provando, ci sto provando! Non parte!"

Come riportato in molti altri incontri con gli UFO, l'auto si era spenta. Il fulmine sembrava interferire con l'impianto elettrico del veicolo, causando il guasto del motore. Che la causa fosse un campo elettromagnetico o qualcos'altro, il risultato era lo stesso: il motore si era spento e i tre passeggeri erano rimasti intrappolati. Temevano per la loro vita.

Come molti texani, Vickie Landrum era profondamente religiosa e una cristiana devota. In quel momento di paura, un pensiero le attraversò la mente: forse quello era un segno divino. Credendo che potesse trattarsi della seconda venuta di Gesù, si calmò e rassicurò Betty e Colby dicendo loro che l'oggetto non avrebbe fatto loro del male. Poi Vickie scese dal veicolo per vedere meglio, seguita con cautela da Betty.

La prima cosa che sentirono immediatamente fu l'intenso calore che si irradiava dall'oggetto. Sembrava che dalle navicelle emanasse radiazione a microonde o qualche altra forma di energia, causando un rapido aumento della temperatura nell'area circostante. Il calore divenne sempre più intenso fino a quando, improvvisamente, l'oggetto emise grandi fiamme e un'esplosione di calore ancora più forte dalla sua parte inferiore. La temperatura divenne così estrema che il metallo dell'auto divenne dolorosamente caldo al tatto. L'oggetto continuò a rilasciare intermittenti raffiche di fiamme, che lo facevano sollevare e abbassare leggermente nell'aria.

Vickie e Betty erano terrorizzate. Vickie capì subito che non si trattava della seconda venuta di Gesù: dovevano andarsene immediatamente. Corrono verso l'auto, ma quando provano a toccare la maniglia della portiera, questa è così calda da bruciare loro le mani. All'interno, il veicolo sembrava un forno. Quando Vickie premette accidentalmente la mano contro il cruscotto, fu costretta a ritirarla per il dolore. Il calore le aveva bruciato la mano e aveva persino lasciato un'impronta sul cruscotto in vinile ammorbidito. All'esterno, l'oggetto scese ancora più vicino al loro veicolo. Improvvisamente, emise una fiamma ruggente diretta verso il basso. Il trio, preso dalla paura, distolse lo sguardo da quella vista accecante e terrificante.

Poi, sempre con le fiamme che scendevano verso il basso, il velivolo iniziò lentamente a salire in aria. Man mano che saliva, il motore dell'auto si riaccese improvvisamente. Con loro grande stupore, i testimoni videro poi diverse decine di velivoli simili a elicotteri volare accanto all'oggetto. Questi velivoli più piccoli sembravano scortarlo lontano. Non era chiaro se facessero parte di una flotta più grande o fossero collegati a una nave madre, ma una cosa era certa per i tre testimoni: dovevano tornare a casa il più velocemente possibile.

L'esperienza lasciò un segno indelebile. Tutti e tre gli individui svilupparono sintomi simili all'esposizione alle radiazioni dopo l'incontro. Betty Cash subì gli effetti più gravi, tra cui vesciche dolorose, gonfiore al viso, nausea grave e significativa perdita di capelli nel giro di poche ore. Quattro giorni dopo l'incidente, fu ricoverata in ospedale con ustioni di secondo grado. Anche Vickie e Colby Landrum riferirono problemi di salute come irritazione cutanea, nausea e problemi agli occhi. Tutti e tre continuarono a soffrire di complicazioni croniche di salute in seguito all'incidente.

Gli investigatori hanno successivamente esaminato l'impronta sul cruscotto. Affinché il vinile si sciogliesse, la temperatura all'interno dell'auto avrebbe dovuto raggiungere circa 200 °F (93 °C). La natura incendiaria del grande oggetto ha portato alcuni a ipotizzare che potesse trattarsi di un aereo a reazione o persino di una mongolfiera, anche se questo non spiegava la sua forma o il suo comportamento.

I testimoni alla fine affermarono che i velivoli più piccoli erano elicotteri militari. Sulla base di ciò, alcuni scettici ipotizzarono che Betty Cash e Vickie Landrum si fossero inavvertitamente imbattute in un'operazione militare segreta nella campagna texana. Tuttavia, nessun velivolo a forma di diamante è mai stato riconosciuto dal governo degli Stati Uniti e l'aeronautica militare statunitense ha ufficialmente negato la presenza di qualsiasi velivolo nella zona quella notte.

L'incidente attirò l'attenzione diffusa dei ricercatori e delle organizzazioni che si occupano di UFO, come il Mutual UFO Network (MUFON). Gli investigatori documentarono le prove fisiche, tra cui la vegetazione bruciata vicino al luogo dell'avvistamento. Nonostante anni di indagini, non è mai stata fornita una spiegazione conclusiva e il governo degli Stati Uniti ha sempre negato qualsiasi coinvolgimento.

39

Caso Trans En Provence, Francia, 1981

L '8 gennaio 1981, vicino a un piccolo villaggio nel sud della Francia, Renato Nicolaï si stava godendo un tranquillo pomeriggio lavorando nella sua proprietà. Nicolaï era un immigrato italiano che viveva a Trans-en-Provence. Era sposato con una donna francese e insieme gestivano una piccola fattoria.

Ogni giorno, Renato Nicolaï lavorava nel suo giardino. La zona era agricola, situata non lontano dal Mar Mediterraneo. Era gennaio e il clima era fresco. Quel pomeriggio, stava lavorando tranquillamente a un piccolo riparo per una pompa dell'acqua.

All'improvviso, la sua attenzione fu catturata da un flebile fischio. La zona era piuttosto isolata: non c'erano fabbriche, scuole o altre fonti di rumore nelle vicinanze. Il suono proveniva dal cielo. Quando alzò lo sguardo, vide un oggetto di forma ovale che scendeva rapidamente verso di lui e il suo giardino. Non c'erano fiamme, né scarichi, né nulla che indicasse come l'oggetto si muovesse. Capì immediatamente che non poteva trattarsi di un aereo convenzionale.

Ciò che Nicolaï vide scendere dal cielo assomigliava a quello che oggi la gente descriverebbe come un tipico disco volante, tranne per il fatto che sembrava leggermente appiattito. L'oggetto si muoveva rapidamente, scendendo verso il giardino. Si chiese: "*Sta per atterrare? Sta per schiantarsi?*". Mentre l'oggetto scendeva, non riuscì a vederlo toccare terra, ma lo osservò avvicinarsi molto da vicino. Sembrava proprio qualcosa che stesse per schiantarsi.

Spinto dalla curiosità, Renato Nicolaï seguì l'oggetto attraverso la sua proprietà per indagare. Avrebbe colpito il suolo? La paura si insinuò in lui: non aveva idea di cosa stesse succedendo. Prevedendo uno schianto, si mise al riparo. Improvvisamente, sentì un debole tonfo o un leggero impatto. Non era il rumore forte che ci si sarebbe aspettato da uno schianto, il che lo portò a sospettare che l'oggetto fosse atterrato. Non sapeva se fosse un aereo o qualcosa di completamente sconosciuto, ma qualunque cosa fosse, era atterrato proprio nel suo giardino.

Nicolaï decise di andare a controllare. L'oggetto era appena atterrato sulla sua proprietà e doveva vedere se aveva causato danni. Quando si avvicinò, vide l'oggetto nel suo giardino. Il velivolo misurava circa 2,5 metri di larghezza e 1,5 metri di spessore. C'erano due piccole estensioni visibili, che a lui sembravano un carrello di atterraggio. Curioso e cauto, Nicolaï si avvicinò per vedere meglio ciò che stava osservando.

Nicolaï si avvicinò a circa 60 metri dall'oggetto, ottenendo una visione chiara e dettagliata. Nonostante la distanza ravvicinata, non aveva idea di cosa fosse l'oggetto: sapeva solo che era qualcosa di diverso da qualsiasi cosa avesse mai visto prima.

L'oggetto rimase immobile per un po'. Pochi secondi dopo, ricominciò a muoversi, salendo con un angolo di 45 gradi. Dopo aver raggiunto una certa altezza, si fermò brevemente. Nicolaï capì chiaramente che non si trattava di un sistema di propulsione convenzionale, poiché non c'erano fumi di scarico visibili, fiamme o altri segni che indicassero come si muovesse. Mentre l'oggetto continuava a salire lentamente, si inclinò leggermente prima di sfrecciare via a una velocità incredibile.

A quel tempo, nessuna tecnologia conosciuta poteva far decollare un oggetto in modo così brusco senza alcun meccanismo di propulsione visibile. Nel 1981 esistevano dispositivi telecomandati, ma nulla nella conoscenza scientifica o pubblica poteva manovrare tra gli alberi e accelerare come faceva questo oggetto.

Più tardi, Nicolaï si avvicinò a sua moglie e le raccontò ciò che aveva visto, ma lei era scettica. Quella sera non gli credette. Tuttavia, il giorno dopo, cambiò idea e segnalò l'avvistamento alle autorità locali. La Gendarmeria visitò la sua fattoria e scoprì due cerchi concentrici sul terreno. Agli investigatori il terreno sembrava essere stato alterato, come se fosse stato compresso da un oggetto pesante. Qualcosa aveva chiaramente causato quei segni e loro volevano scoprire cosa. Raccolsero immediatamente campioni di terreno e di vegetazione dalle piante vicine all'area circolare.

Il GEIPAN, un'unità dell'agenzia spaziale francese responsabile delle indagini sui rapporti UFO, fu chiamato per esaminare il sito ed eseguire ulteriori analisi sui campioni. I tecnici forensi analizzarono rapidamente il terreno e la vegetazione in laboratorio, e i risultati furono sorprendenti. Il materiale vegetale prelevato dal sito di atterraggio mostrava una significativa riduzione dei livelli di clorofilla, come se le piante fossero invecchiate in modo innaturale, un effetto coerente con l'esposizione alle radiazioni. Il suolo mostrava anche segni di una reazione chimica che si verifica tipicamente a quasi 600 °C (oltre 1.000 °F), una temperatura compatibile con le radiazioni a microonde, simili a quelle utilizzate in un forno a microonde. Tuttavia, gli scienziati non sono riusciti a spiegare come il velivolo potesse aver utilizzato le microonde per la propulsione.

A causa delle rare prove fisiche, il caso ha attirato l'attenzione dei media in Francia e continua ad essere studiato dai ricercatori UFO ancora oggi. È diventato uno dei casi UFO più approfonditamente studiati nella storia, lasciando dietro di sé una grande quantità di prove fisiche. Sebbene la vera natura dell'oggetto rimanga un mistero, Renato Nicolaï ha sempre sostenuto che ciò che ha visto non apparteneva a questo mondo.

40

Incontro in giardino, Nancy, Francia, 1982

Il 21 ottobre 1982, Alri Luron tornò a casa dopo aver sbrigato alcune commissioni mattutine. Il signor Luron era un uomo di 30 anni, sposato, con un buon lavoro come biochimico in un laboratorio universitario. Viveva in una piccola zona suburbana di Nancy, dove diverse case fiancheggiavano la strada.

Nancy, una città di medie dimensioni nella Francia orientale con circa 150 .000 abitanti, era un luogo tranquillo. Da appassionato giardiniere, Luron era sempre ansioso di tornare alle sue piante.

Quel giorno, mentre lavorava nel suo giardino curando le sue piante, notò improvvisamente quello che inizialmente pensò fosse un aereo che attraversava il cielo. L'oggetto era luccicante e lo vedeva chiaramente. Sebbene la casa di Luron fosse lontana da qualsiasi aeroporto importante e il velivolo sembrasse piuttosto insolito, all'inizio non vi prestò molta attenzione. Si concentrò invece sul suo giardino e sul suo prezioso amaranto.

Ma fu rapidamente attirato di nuovo dal cielo. Divenne sempre più chiaro che l'oggetto si stava dirigendo direttamente verso di lui. Luron si preoccupò.

Non sapeva se si trattasse di un aereo che aveva perso il controllo. Se così fosse stato, sia lui che la sua proprietà avrebbero potuto trovarsi in grave pericolo.

Man mano che l'oggetto si avvicinava, Luron si rese conto che non si trattava affatto di un aereo. Quello che vide era un oggetto di forma ovale, di circa 7 metri di diametro e 3,5-4,5 metri di altezza. Il velivolo continuò a scendere nel suo giardino fino a fermarsi, librandosi a circa un metro dal suolo.

In quel momento, Luron ebbe la netta sensazione che l'oggetto lo stesse prendendo di mira. Si precipitò sotto il tavolo da giardino, cercando riparo e un posto sicuro. Tuttavia, dopo pochi minuti, la sua mente scientifica prese il sopravvento. La curiosità ebbe la meglio su di lui e iniziò a cercare di capire esattamente cosa stava vedendo. Con cautela, strisciò fuori da sotto il tavolo e si avvicinò lentamente all'oggetto.

Il velivolo rimase immobile. Man mano che Luron si avvicinava, iniziò a osservarlo da diverse angolazioni. Non c'erano mezzi di propulsione visibili - né ali, né rotori, né scarichi - e non emetteva alcun suono. Era adornato da luci arancioni e blu e, lungo il lato, c'era una fila di luci simili a oblò. Sotto l'oggetto si vedeva una fascia nera o sferica. Non emetteva calore e una sua sezione sembrava essere fatta di zirconio, un metallo speciale utilizzato negli impianti nucleari.

Luron era tentato di toccare il velivolo, ma si trattenne, temendo che potesse essere elettrificato. Era uno spettacolo completamente sconosciuto e sorprendente, diverso da qualsiasi cosa avesse mai visto prima.

Da ricercatore scientifico, l'istinto di Luron gli diceva che avrebbe dovuto documentare ciò che stava osservando. Corse in casa a prendere la macchina fotografica per cercare di scattare una foto. Tuttavia, al primo tentativo, la macchina fotografica si bloccò. In molti casi di UFO, le macchine fotografiche e le attrezzature video spesso non funzionano correttamente, cosa che di solito viene attribuita a impulsi elettromagnetici (EMP) o campi di interferenza. Ma nel caso di Luron, aveva già avuto problemi con la sua macchina fotografica, quindi il malfunzionamento poteva essere dovuto a un guasto meccanico piuttosto che a una causa legata agli UFO.

Mentre Luron cercava di far funzionare la sua macchina fotografica, il velivolo improvvisamente schizzò verso l'alto nel cielo a una velocità sorprendente. Lo descrisse come se un aspirapolvere avesse risucchiato l'oggetto nell'aria. Sfrecciò via in un istante e tutto ciò che riuscì a vedere fu una luce brillante che scompariva in lontananza. Luron era completamente sbalordito da ciò che aveva appena visto. Tutti i sistemi di propulsione che conosceva avrebbero lasciato tracce visibili sul terreno, ma questo oggetto non ne lasciò alcuna.

Tuttavia, il suo prezioso giardino era stato stranamente colpito. Luron notò che alcune delle sue piante di amaranto sembravano appassite. Le piante più vicine al punto in cui il velivolo aveva sorvolato sembravano essere state esposte a un calore intenso o essersi seccate, forse a causa di un effetto elettromagnetico. Luron si rese conto che c'erano almeno alcune tracce della presenza del velivolo nel suo giardino.

Contattò immediatamente la Gendarmeria, la polizia militare nazionale francese, e riferì l'accaduto. Fare una segnalazione del genere era molto rischioso. La Gendarmeria francese prendeva sul serio tutti gli avvistamenti UFO e presentare una segnalazione falsa poteva portare all'arresto. Ciononostante, gli agenti arrivarono a casa di Luron, prelevarono campioni delle piante colpite e raccolsero campioni d'erba a varie distanze dal luogo in cui l'oggetto aveva sorvolato.

L'incidente di Nancy rimane uno dei casi più insoliti nella storia degli UFO, poiché sono pochissime le segnalazioni in cui un testimone si è avvicinato a meno di un metro da un oggetto simile. Seguendo un protocollo rigoroso, la Gendarmeria ha trasferito il caso al GEIPAN, l'agenzia nazionale francese responsabile delle indagini sui fenomeni aerospaziali inspiegabili. I campioni di piante ed erba raccolti sul luogo sono diventati l'oggetto principale dell'indagine. Le analisi hanno rivelato che le piante erano danneggiate solo nella parte fuori terra, mentre le radici erano rimaste intatte.

Il GEIPAN ha concluso che per causare il tipo di bruciatura osservato sulle piante di amaranto sarebbe stato necessario un campo elettrico superiore a 200 kilovolt per metro, un'intensità equivalente a quella di una linea elettrica ad alta tensione letale. Tuttavia, nonostante si trovasse a pochi metri dalle piante danneggiate, Luron non ha subito alcun effetto medico.

Il rapporto finale del GEIPAN non è stato in grado di spiegare completamente cosa fosse successo nel suo giardino quel giorno.

41

Incidente di Danbury, Connecticut, 1984

L a notte del 12 luglio 1984, il veterano capo dei vigili del fuoco Dave Athens stava rispondendo a una chiamata al 911 a Danbury, nel Connecticut. Danbury, una piccola e tranquilla cittadina al confine tra il Connecticut e lo Stato di New York, si trova a circa 20 miglia dal fiume Hudson. La regione circostante della Hudson Valley fa parte dello Stato di New York settentrionale. Era, ed è tuttora, una zona relativamente ricca, dove vive una popolazione ben istruita di professionisti e uomini d'affari.

Prima dell'arrivo di Athens, un agente delle forze dell'ordine locali era già giunto sul posto e aveva parlato con il proprietario della casa che aveva effettuato la chiamata di emergenza. Dopo aver stabilito che si trattava di un falso allarme, l'agente informò Athens. Sollevati, i due uomini iniziarono a chiacchierare davanti a una tazza di caffè.

Improvvisamente, mentre conversavano, Athens notò una serie di strane luci multicolori lampeggianti disposte in modo circolare nel cielo. All'inizio, lui e l'agente pensarono che le luci provenissero da un aereo di passaggio. Anche se la zona faceva parte dello Stato di New York settentrionale, era soggetta a un intenso traffico aereo a causa della sua vicinanza a New York City. Infatti, la Hudson Valley era uno dei corridoi aerei più trafficati del pianeta.

Tuttavia, Athens capì subito che non si trattava di un aereo. L'oggetto accelerava, rallentava e si librava in aria, il tutto con un andamento che non corrispondeva a quello di nessun velivolo conosciuto. Le luci rimasero fisse per circa 15 minuti, poi improvvisamente salirono verso l'alto e scomparvero dalla vista.

Pochi istanti dopo, una nuova serie di luci rosse apparve sotto di esse, formando un oggetto di forma triangolare. Insieme alle luci a forma di V, erano visibili diverse luci rosse più piccole intorno ad esso. Queste luci più piccole inizialmente erano raggruppate vicino al centro del velivolo, ma poi si spostarono verso l'esterno, come se si staccassero dalla struttura principale. Sembrava che un oggetto massiccio, in seguito denominato "nave madre", trasportasse e rilasciasse questi velivoli più piccoli nel cielo.

Mentre Athens osservava il fenomeno, diverse decine di passanti si radunarono nelle vicinanze. Tutti assistettero allo strano spettacolo nel cielo. Quando l'oggetto si avvicinò, i testimoni poterono vederlo meglio. Era gigantesco, largo circa 300 piedi, e si librava silenziosamente sopra le loro teste. Alcuni riferirono di aver visto travi o travi strutturali che collegavano le luci, e l'oggetto sembrava librarsi a poco meno di 1.600 piedi sopra di loro.

Molti degli spettatori descrissero una sensazione inquietante, come se fossero osservati. Ad alcuni sembrava che l'oggetto fosse controllato da esseri intelligenti. *Che cos'è? Che cosa farà?* Nessuno aveva le risposte. Ma una cosa era chiara: era potenzialmente pericoloso avere un oggetto largo 300 piedi che volava silenziosamente in uno spazio aereo frequentato da aerei di linea e altri velivoli.

Sebbene l'agente di polizia sostenesse che le luci dovevano provenire da una formazione di aerei, Dave Athens era fermamente in disaccordo. Sapeva che quello che aveva visto non era un aereo e credeva che fosse qualcosa che andava ben oltre la comprensione umana. Nessuno riuscì a convincerlo del contrario, soprattutto perché non era il suo primo incontro.

Quattro mesi prima, nel marzo dello stesso anno, Dave Athens aveva assistito all'avvistamento di un oggetto volante simile mentre era con la sua ragazza a

New Salem, nel Connecticut, a pochi chilometri a sud di Danbury. In quell'occasione, un anello di luci multicolori si era avvicinato a loro dal cielo e aveva persino volteggiato proprio davanti ai loro occhi. Essendo un tipo intrepido con un forte senso dell'avventura, Athens decise di segnalare l'oggetto con la sua torcia elettrica. Fece lampeggiare la luce in combinazioni di tre e, con suo grande stupore, l'oggetto rispose con un lampeggio. Sembrava che ci fosse una qualche forma di comunicazione tra lui e il velivolo. Mentre assisteva all'incidente di Danbury, si ritrovò a rivivere quella strana esperienza precedente.

Alcuni spettatori ipotizzarono che potesse trattarsi di un velivolo militare top secret. Tuttavia, la loro teoria fu messa in discussione: se si trattava davvero di velivoli militari segreti, perché li avrebbero illuminati come alberi di Natale affinché tutti potessero vederli? Inoltre, perché tali veicoli sperimentali avrebbero dovuto sorvolare un'area nota per il traffico aereo intenso? Non aveva molto senso.

Dopo essere rimaste sospese in aria per un po', le luci finalmente decollarono e scomparvero nel cielo. In quel preciso momento, Atene ricevette una chiamata che segnalava un altro avvistamento di strane luci nel cielo in una località vicina. Questo insolito avvistamento faceva parte di una più ampia ondata di UFO che comprendeva circa 5.000 segnalazioni di oggetti non identificati tra il 1983 e il 1986 nella regione della Hudson Valley, nel nord-est degli Stati Uniti, che si estende tra New York e il Connecticut. Questi avvistamenti erano spesso caratterizzati da segnalazioni di oggetti grandi, silenziosi, a forma di V o circolari, spesso descritti come grandi circa quanto un campo da football americano, contornati da luci bianche, rosse o verdi brillanti.

Gli oggetti erano noti per la loro capacità di librarsi immobili nel cielo per lunghi periodi e poi schizzare verso l'alto ad alta velocità. Tra i testimoni c'erano vigili del fuoco, agenti di polizia, membri del consiglio comunale, imprenditori e persino amministratori delegati: persone istruite e ben preparate, le cui testimonianze oculari non potevano essere facilmente ignorate.

Pochi giorni dopo l'incidente di Danbury, diverse guardie di sicurezza della centrale nucleare di Indian Point hanno segnalato un avvistamento UFO. Temendo una possibile minaccia terroristica, hanno chiamato la Guardia

Nazionale. Tuttavia, l'oggetto è scomparso prima che potesse essere intercettato o identificato.

Gli scettici sostenevano che le luci, e persino le forme triangolari, fossero il risultato di un gruppo di piloti di Cessna che volavano in formazione. Alcuni piloti locali alla fine si fecero avanti, ammettendo di aver volato a bassa quota nella Hudson Valley nelle notti in cui si erano verificati alcuni avvistamenti di massa. Tuttavia, le dimensioni, la manovrabilità e la variazione di velocità descritte nei rapporti non corrispondevano a nessun velivolo conosciuto.

Sebbene l'ondata di avvistamenti UFO nella Hudson Valley abbia raggiunto il picco nel 1984, le segnalazioni sono continuate fino agli anni '90, rendendola l'ondata di avvistamenti UFO più lunga della storia mondiale. Ad oggi, non esiste una spiegazione chiara per questi avvistamenti.

42

Fish Fry, Guaxupé, Brasile, 1985

Nell'ottobre 1985, a Guaxupé, un angolo remoto del Brasile sud-orientale, tre uomini entrarono abusivamente in una proprietà privata per una notte di pesca illegale. La proprietà era un'area agricola, una fattoria che aveva uno dei laghi più grandi della regione. Per due degli uomini la posta in gioco era altissima, poiché João Franco e suo fratello Galvão erano poliziotti fuori servizio. Se fossero stati scoperti, avrebbero potuto perdere il lavoro. Il terzo uomo coinvolto nella loro operazione clandestina era il loro caro amico Osório. Erano ben consapevoli del fatto che si trovavano lì illegalmente e stavano molto attenti a qualsiasi rumore o luce sospetta nella zona circostante.

La loro strategia di pesca era ben pianificata: avrebbero calato le reti una notte e sarebbero tornati la notte successiva, 24 ore dopo, per controllare le reti e raccogliere il pescato. Lo avevano fatto molte volte senza problemi. Quella notte, tornarono a raccogliere le reti, ma qualcosa avrebbe reso quella notte un po' diversa.

Mentre raccoglievano le reti, videro una piccola luce dietro un albero in riva al lago, non lontano da loro. Pensarono che forse la fonte della luce fosse una torcia del custode della fattoria. Per i due ufficiali intrusi, quella sarebbe stata una pessima notizia. La paura logica che avrebbero potuto avere era quella di essere stati scoperti. Ma ciò che videro dopo sfidava la logica.

In pochi secondi, la luce schizzò verso le cime degli alberi. Non avevano mai visto nulla di simile. Volevano andarsene in fretta perché credevano di essersi trovati faccia a faccia con una terrificante leggenda locale. Questa sfera di luce, un fenomeno che si era visto abbastanza spesso in quella parte del Brasile, aveva persino un nome: la Madre di Dio.

"Dio mio, è la Madre!"

Alcuni credevano che provenissero dallo spazio o dalla morte. Secondo la leggenda locale, queste strane sfere di luce apparivano di notte, lanciando raggi di luce sulle persone. Coloro che venivano colpiti si ritrovavano privi non solo di sangue, ma anche della loro energia vitale. Dopo essere stati attaccati, non riuscivano più a recuperare la loro vitalità. La reazione tipica era quella di cercare immediatamente rifugio nei boschi più fitti della zona.

Poi le cose diventavano ancora più terrificanti. Vedevano altre tre sfere di luce emergere dalla prima, avvicinandosi al luogo in cui si trovavano. Quando vedevano arrivare le luci, erano presi dal terrore. Non avevano alcun dubbio che le loro vite fossero in pericolo.

Gli uomini conoscevano fin troppo bene la terrificante leggenda locale che circondava queste strane sfere di luce, conosciute come la Madre di Dio. Credevano che l'unica cosa in grado di placarla fosse il sangue umano. Le sfere agivano come sonde, esaminando qualcosa. Non si trattava di un evento casuale, e sapevano di essere stati presi di mira da queste entità.

Per la paura, Osório si tuffò nel lago, cercando di nascondersi sott'acqua. Franco e Galvão gettarono le reti e corsero a nascondersi tra gli alberi. Ma i fasci di luce continuavano ad avvicinarsi e non riuscivano a seminarli. Erano in preda al panico. Non c'era alcun dubbio che sentissero le loro vite in pericolo.

All'improvviso, gli oggetti hanno sparato un raggio di luce verso i pescatori. La luce li ha effettivamente toccati, immergendoli in un bagliore potente. Hanno cominciato a pensare che questi oggetti avrebbero posto fine alle loro vite. Non potevano fare altro e stavano tutti aspettando il loro destino finale.

Poi, inaspettatamente, le sfere di luce ritirarono i loro raggi e cominciarono a salire nel cielo. In pochi secondi si ritirarono e svanirono nel nulla. Scomparvero semplicemente.

In quel momento, i pescatori non riuscivano a pensare lucidamente. Sopraffatti dal pensiero che le sfere di luce potessero tornare, volevano solo tornare a casa. Barcollarono fino al loro veicolo, che era parcheggiato vicino al lago. Tuttavia, quando provarono ad avviare il motore, questo non partì. Con loro grande sorpresa, scoprirono che il serbatoio era vuoto.

Spaventati e temendo che gli oggetti potessero tornare, i pescatori bussarono alla porta del proprietario della proprietà privata per chiedere del carburante, dato che la strada per tornare in città era lunga. Ancora scosso, Osório raccontò al proprietario la loro terrificante esperienza. Inaspettatamente, il proprietario disse di aver visto lui stesso delle strane luci nella zona. In effetti, la maggior parte delle persone che avevano incontrato queste luci nelle zone rurali del Brasile tendevano a credere di essere state osservate da loro.

C'era un'altra cosa molto insolita associata a questo caso. Quando controllarono l'ora con il proprietario, furono informati che erano le 4:30 del mattino. Tuttavia, dal loro punto di vista, pensavano ancora che fosse circa mezzanotte. Rimasero assolutamente scioccati nello scoprire che erano passate almeno quattro ore e non riuscivano a spiegarsi il tempo perso.

Dopo aver fatto rifornimento, gli uomini fuggirono dalla zona, ma ciò da cui non poterono mai sfuggire fu la maledizione della Madre di Dio. I tre uomini rimasero profondamente traumatizzati dall'esperienza e le loro vite furono stravolte. Soffrirono di diversi problemi fisici e mentali. Nelle settimane successive all'incidente, João Franco soffrì di perdita di capelli sul torace e scolorimento della pelle del viso. Franco soffrì anche di febbre alta costante e difficoltà respiratorie, ma gli esami medici non riuscirono a identificare alcuna malattia.

Poiché vicino alla proprietà sul lago si trovava un piccolo aeroporto, molti credettero che le luci fossero state causate da un piccolo aereo che volava a bassa quota. Tuttavia, un pilota locale confutò questa teoria, affermando di aver visto una strana sfera di luce sopra la stessa zona in numerose occasioni.

43

Incidente del volo Japan Airlines 1628, Alaska, 1986

Il 17 novembre 1986, il capitano Kenju Terauchi e il suo equipaggio della Japan Airlines erano in rotta verso Anchorage, in Alaska, per un volo cargo di routine per il rifornimento. Il Boeing 747 era solo a metà strada dalla sua destinazione finale. Trasportava un carico di vino da Parigi a Tokyo.

Il capitano Terauchi era un pilota di grande esperienza, ex pilota di caccia dell'aeronautica militare giapponese, con oltre 10.000 ore di volo alle spalle. Stava volando a una velocità di quasi 620 miglia all'ora a un'altitudine di 34.400 piedi. La notte era abbastanza serena, senza tempeste in vista.

Improvvisamente, alle 17:11 precise, qualcosa attirò la sua attenzione. Guardando fuori dal finestrino della cabina di pilotaggio, vide qualcosa di strano sul lato sinistro dell'aereo, leggermente al di sotto della loro altitudine: due luci pulsanti. Le luci sembravano provenire da due piccoli velivoli non identificati che sembravano seguire o scortare l'aereo cargo. Gli oggetti manovravano in modo innaturale. Dopo pochi istanti, le luci scomparvero.

Anche il copilota Takanori Tamefuji sembrò notarle. Si voltò verso il capitano e gli chiese: "Hai visto?"

"Probabilmente un jet da combattimento proveniente da una delle basi aeree", rispose il capitano. Era un'ipotesi ragionevole: l'Alaska distava solo circa 60 miglia dall'Unione Sovietica e lo spazio aereo era costantemente pattugliato dai jet dell'aeronautica militare statunitense.

Tuttavia, pochi istanti dopo, gli oggetti riapparvero. Questa volta, il capitano Terauchi si preoccupò. Se questi velivoli fossero entrati nello spazio aereo protetto del 747, avrebbero potuto provocare forti turbolenze. A ogni aereo viene assegnato uno specifico blocco di spazio aereo, lungo circa 10 miglia, largo 6 miglia e, in questo caso, spesso 2000 piedi, una sorta di scatola da scarpe invisibile che garantisce una separazione sicura dagli altri aerei. Se qualcosa avesse invaso quello spazio, la turbolenza di scia causata dal velivolo intruso avrebbe potuto destabilizzare il 747, arrivando persino a strappargli un'ala.

Ma ancora una volta gli oggetti scomparvero. Allarmato, il capitano Terauchi contattò via radio il controllo del traffico aereo:

"Anchorage Center, Japan Air 1628. Avete traffico alle ore 7 sopra di noi?"

"Japan Air 1628 Heavy, Anchorage Center. Negativo."

Il controllo del traffico aereo non segnalò la presenza di altri velivoli nelle vicinanze. Tuttavia, quando il capitano Terauchi accese il radar meteorologico, notò un grande eco radar in movimento, una "macchia", che si avvicinava all'aereo. Scrutò visivamente il cielo, ma non vide nulla nelle vicinanze.

Poi, improvvisamente, un lampo di luce brillante esplose dalla sinistra della cabina di pilotaggio. L'oggetto non identificato era tornato e questa volta si stava avvicinando rapidamente. Era così vicino che per un attimo il capitano Terauchi disse di poter persino sentire il calore dei "propulsori" dell'oggetto irradiarsi attraverso la cabina di pilotaggio. Temendo una collisione, l'equipaggio capì che doveva agire rapidamente per allontanarsi e evitare un potenziale incidente.

"Anchorage Center, Japan Air 1628. Abbiamo avvistato due oggetti davanti a noi, a circa un chilometro di distanza!"

"Japan Air 1628, ricevuto. Potete identificare l'aeromobile?"

"Non ne siamo sicuri, ma abbiamo sicuramente del traffico in vista!"

Il capitano Terauchi sapeva, nel profondo, che la maggior parte delle persone non credeva agli UFO, quindi cercò di descrivere ciò che stava vedendo senza usare quel termine. Il controllore inizialmente pensò che si trattasse di aerei militari, quindi contattò la base aerea statunitense di Elmendorf, appena fuori Anchorage. Tuttavia, la base aerea lo informò che tutti i voli erano stati sospesi dalle 16:00 e che non c'erano aerei in volo. Non potevano essere aerei militari. Improvvisamente, gli oggetti scomparvero di nuovo. L'equipaggio della cabina di pilotaggio era perplesso di fronte a quella manovra: cosa stavano facendo quei velivoli? Avevano semplicemente spento le luci e si erano nascosti? Nessuno lo sapeva.

Ma la loro straordinaria esperienza era lungi dall'essere finita. Mentre il 747 si avvicinava a Fairbanks, una città a 260 miglia a nord di Anchorage, il capitano Terauchi vide di nuovo l'oggetto. Questa volta riuscì a vedere per la prima volta nella sua interezza la nave madre che li aveva seguiti. Era un gigantesco velivolo a forma di noce, grande almeno quattro volte una portaerei.

Per dare un'idea della situazione, una portaerei è come una città galleggiante, in grado di trasportare oltre 12.000 persone. La presenza di qualcosa di ancora più grande rendeva l'equipaggio profondamente a disagio. Man mano che l'oggetto si avvicinava, cominciarono a sperimentare una crescente turbolenza. Preoccupato per la sicurezza, il capitano Terauchi chiese un'immediata deviazione dalla rotta per allontanarsi dall'oggetto sconosciuto.

"Centro di Ancoraggio, richiesta di deviazione dall'oggetto. Richiesta di rotta due-quattro-zero!"

"Japan Air 1628 Heavy, ricevuto. Volate con rotta due-quattro-zero. Deviazioni approvate come necessario per il traffico".

Ma la colossale nave madre non si allontanò. Continuò a seguire la rotta del 747, mantenendo una distanza costante dietro di loro. Provando un'altra tattica, il capitano Terauchi chiese il permesso di scendere nella speranza di seminare il misterioso velivolo.

"Japan Air 1628, richiesta di discesa al livello di volo tre-uno-zero (31.000 piedi)".

Inizialmente, la comunicazione si interruppe e la richiesta non andò a buon fine. L'equipaggio non poteva cambiare altitudine senza l'approvazione del controllo del traffico aereo, quindi inviò un altro messaggio radio. Questa volta il messaggio fu ricevuto.

"Japan Air 1628 Heavy, scendere a discrezione del pilota. Mantenere il livello di volo tre-uno-zero".

Il controllore approvò la richiesta di discesa del capitano Terauchi dopo aver verificato che non ci fossero altri aerei al di sotto della loro traiettoria di volo.

Con grande sorpresa di tutti, anche il velivolo di grandi dimensioni abbassò la sua altitudine e continuò a seguire da vicino il 747. Per un attimo, il capitano Terauchi non sapeva cosa fare. Temeva che la turbolenza causata dal gigantesco aereo madre potesse destabilizzare il suo velivolo e provocare un incidente.

In quel momento, il controllore richiese una manovra insolita.

"Japan Air 1628 Heavy, le chiedo di effettuare una virata a destra, un giro completo di 360 gradi, e di comunicarmi cosa fa il suo traffico".

Il ragionamento del controllore era semplice: se il 747 avesse effettuato una virata ampia e circolare, forse l'enorme oggetto non sarebbe stato in grado di seguire una manovra così brusca e avrebbe deviato dalla rotta.

L'equipaggio impiegò circa cinque o sei minuti per completare il giro completo e tornare alla rotta originale. Quando il capitano Terauchi e i suoi copiloti controllarono l'oggetto, era scomparso. Per la prima volta in oltre venti minuti, l'equipaggio tirò finalmente un sospiro di sollievo.

Ma la calma non durò a lungo.

Pochi secondi dopo, il misterioso velivolo tornò sul radar, avendo seguito l'aereo durante la virata. La torre di controllo contattò urgentemente l'equipaggio per informarlo che l'oggetto era ancora in coda, librandosi direttamente dietro al loro aereo. Mentre si avvicinava nuovamente, il 747 fu ancora una volta scosso da turbolenze. La situazione divenne sempre più tesa.

Il controllore decise di chiamare i rinforzi. Nelle vicinanze, il volo United Airlines 69 si stava avvicinando, a circa 110 miglia dal Japan Air 1628. Il controllore contattò l'equipaggio della United e chiese se potevano aiutare a identificare il misterioso oggetto che seguiva il 747. Il volo United 69 si stava avvicinando da sud e il suo equipaggio accettò di deviare e indagare.

Nella cabina di pilotaggio del Japan Air 1628, il capitano Terauchi rimase concentrato, lottando per mantenere la stabilità nonostante le turbolenze. Gli era stato detto che i soccorsi stavano arrivando e si concentrò sul mantenere il controllo del 747.

Improvvisamente, tutte le turbolenze cessarono e le scosse si fermarono. Guardarono fuori dal finestrino: non c'era nulla. L'enorme velivolo era scomparso.

Quasi contemporaneamente, l'oggetto scomparve anche dal radar. L'equipaggio della United Airlines confermò presto ciò che il controllore stava vedendo. Avevano in vista l'aereo di linea giapponese, ma nessun altro velivolo era visibile. Il controllore ricontrollò con il capitano Terauchi, che confermò che nemmeno l'equipaggio giapponese riusciva più a vedere l'oggetto. Con il cielo finalmente sereno, il 747 scese e atterrò senza ulteriori incidenti.

Dopo l'evento, John Callahan, ex capo della divisione incidenti e indagini della FAA, ha immediatamente condotto delle interviste con l'equipaggio della Japan Airlines. Tutti e tre i membri hanno fornito resoconti sorprendentemente simili di ciò che avevano visto. La loro testimonianza è stata supportata dai dati radar sia del controllo del traffico aereo di Anchorage che della base aerea statunitense di Elmendorf, che hanno entrambi confermato la presenza di un grande velivolo non identificato nelle vicinanze del volo 1628 quella notte.

Tuttavia, gli scettici sugli UFO rilasciarono in seguito una dichiarazione in cui affermavano che l'equipaggio aveva semplicemente visto Giove e Marte. Un'altra teoria proponeva che le strane luci fossero riflessi della luce lunare su nuvole piene di cristalli di ghiaccio. Tuttavia, tutti i dati meteorologici disponibili di quella sera indicavano un cielo sereno e un'ottima visibilità. Per il capitano Terauchi, l'incontro lasciò un segno indelebile. Rimase fermamente convinto che l'oggetto fosse di origine extraterrestre.

La FAA ha poi condotto un'indagine formale e ha presentato un rapporto alla CIA e all'FBI, riconoscendo l'incidente. John Callahan ha poi reso pubblico di aver partecipato a riunioni ad alto livello con la CIA, l'FBI e la NASA. Ha dichiarato che i dati radar e le registrazioni della cabina di pilotaggio erano stati esaminati e che era stato stabilito che l'incidente non aveva una spiegazione convenzionale. Il governo degli Stati Uniti ha infine etichettato il caso come "inspiegabile".

44

Avvistamento sul lago Erie, Eastlake, Ohio, 1988

Il 4 marzo 1988, i Baker tornarono a casa dopo la loro cena settimanale del venerdì sera. Era una fredda notte di marzo sulle rive del lago Erie. La famiglia Baker era composta da Sheila Baker e suo marito, Henry Baker. Avevano due figli e, all'epoca, Sheila era incinta del terzo. Sheila e Henry stavano chiacchierando delle loro famiglie e l'atmosfera era rilassata.

Improvvisamente, verso le 20:35, Sheila notò qualcosa di molto strano sul lago: un oggetto che si librava nell'aria ed emetteva una luce molto intensa. Sheila raccontò immediatamente al marito ciò che aveva visto, ma Henry lo liquidò come la centrale elettrica. Dopotutto, la loro posizione a Eastlake era a soli 400 metri dalla centrale elettrica di Perry, che era illuminata a giorno.

Tuttavia, Sheila conosceva molto bene la zona. Era ovvio che si trattava di qualcosa di diverso. L'oggetto era proprio sopra il lago e una centrale elettrica non poteva trovarsi lì.

"C'è sicuramente qualcosa laggiù", disse.

"Davvero?" Suo marito continuava a non crederle.

"Sì." A Sheila, l'oggetto sembrava come se stesse scendendo lentamente. Dopo aver confermato con il figlio Samy che anche lui lo aveva visto, Sheila chiese a Henry di guidare fino alla spiaggia in modo da poterlo osservare più da vicino. Nella storia degli avvistamenti UFO, quasi la metà di tutti i casi segnalati si sono verificati vicino a grandi specchi d'acqua.

Henry parcheggiò l'auto sulla spiaggia. Chiusero a chiave il veicolo e chiesero ai figli di rimanere in casa. A quel punto, non sentivano alcuna minaccia, erano semplicemente curiosi di sapere cosa stavano vedendo.

Mentre la coppia camminava verso l'acqua, entrambi sentirono il rumore del ghiaccio che si rompeva. Anche se non era insolito sentire il ghiaccio rompersi durante l'inverno, ciò che era insolito era l'intensità del suono. I Baker lo descrissero in seguito come simile al rombo di un tuono.

Poi, Henry vide l'oggetto sopra il lago e rimase assolutamente sbalordito. Era un oggetto solido con luci su entrambe le estremità: una blu e una rossa. Inizialmente pensò che potesse essere un dirigibile, ma presto si rese conto che non poteva essere così, poiché era troppo pericoloso far volare i dirigibili con il freddo.

Improvvisamente, l'oggetto sembrò voltarsi verso di loro. Cominciò ad avvicinarsi rapidamente alla coppia Baker, come se sapesse che erano lì. Il ghiaccio sul lago Erie cominciò a rompersi sotto l'oggetto, presumibilmente a causa del calore o di qualche altra forza che emanava da esso.

Henry e Sheila erano terrorizzati. Avevano due bambini piccoli sul sedile posteriore dell'auto e Sheila era incinta del terzo. Il loro istinto era quello di proteggere la loro famiglia.

"Scappiamo!"

In preda al panico, si voltarono e corsero verso la loro auto. Henry e Sheila saltarono dentro, avviarono il motore e fuggirono dalla spiaggia il più velocemente possibile.

Quando arrivarono a casa, i Baker erano ancora agitati. Sheila chiamò immediatamente il dipartimento di polizia di Eastlake per riferire ciò che avevano visto. Descrisse lo strano oggetto che si era girato verso di loro vicino al lago.

Tuttavia, la polizia le comunicò che, poiché l'oggetto si trovava sull'acqua, era di competenza della Guardia Costiera.

Così, Sheila chiamò la Guardia Costiera. Tuttavia, le fu detto che non avevano alcuna segnalazione di qualcosa di insolito nella zona e che non potevano fare nulla.

Nel frattempo, Henry vide qualcosa di inimmaginabile dalla loro casa. L'oggetto era ancora sospeso in lontananza e improvvisamente cinque o sei oggetti più piccoli emersero dal centro del velivolo più grande, simile a un dirigibile. Questi oggetti sfrecciarono attraverso il lago, coprendo grandi distanze in un batter d'occhio. Sheila e Henry osservarono uno degli oggetti triangolari separarsi dagli altri e volare verso quella che sembrava essere la centrale nucleare di Perry.

All'altro capo del telefono, la Guardia Costiera, dopo aver ascoltato il rapporto dei Baker, accettò finalmente di inviare del personale per indagare. La coppia lasciò i figli con un vicino e tornò alla spiaggia con il personale della Guardia Costiera, il marinaio James Power e il sottufficiale John Knaub.

Sopra il lago, anche gli ufficiali della Guardia Costiera videro le luci insolite. Non riuscirono a determinare con esattezza cosa fossero e inizialmente pensarono che potessero provenire da una nave in difficoltà. Tuttavia, non avevano alcuna spiegazione per l'enorme rumore di crepitio e rombo del ghiaccio, che assomigliava a un fragoroso crollo. Una teoria suggeriva che i gas atmosferici potessero aver causato la rottura del ghiaccio, ma quella spiegazione non teneva conto della presenza del grande velivolo grigio canna di fucile sopra il lago.

In quel momento, Sheila si sentì senza fiato. Uscì barcollando dall'auto per prendere una boccata d'aria fresca. Henry la seguì sulla spiaggia e la coppia si trovò a soli 300 piedi di distanza dagli oggetti. Da lì potevano vedere chiaramente il velivolo principale librarsi sul lago, con diversi oggetti più piccoli che si muovevano rapidamente intorno ad esso. Non c'era alcun rumore di motore. Gli oggetti volavano estremamente bassi. Gli ufficiali della Guardia Costiera scesero dalla loro auto e assistettero allo stesso fenomeno.

Improvvisamente, uno degli oggetti più piccoli si staccò dalla nave madre e si inclinò nella loro direzione. Era la seconda volta che Sheila aveva la sensazione inquietante che questi oggetti fossero consapevoli della loro presenza. L'oggetto triangolare sembrava essere attratto dalle luci lampeggianti del veicolo della Guardia Costiera e si tuffò verso l'auto ad alta velocità.

"Spegnete le luci! Spegnete le luci! Spegnetele!"

Sheila non si sentiva più al sicuro. Urlò agli agenti della Guardia Costiera, agitando freneticamente le mani. Gli agenti, visibilmente allarmati, tornarono di corsa alla loro auto e spensero rapidamente le luci lampeggianti. Proprio mentre tutti si preparavano all'impatto, aspettandosi che l'oggetto triangolare si schiantasse contro di loro, questo virò improvvisamente e tornò alla nave madre.

In quel preciso istante, l'oggetto più grande iniziò a comportarsi in modo irregolare. Non era chiaro se fosse in difficoltà, se avesse problemi meccanici o se stesse rompendo il ghiaccio perché qualcosa sotto la superficie attirava la sua attenzione. Improvvisamente, le vibrazioni cessarono, le luci si spensero e l'oggetto scomparve davanti ai loro occhi.

Le persone in riva al lago rimasero sbalordite. Non erano sicure se l'oggetto fosse scomparso all'istante, rendendo impossibile vederne la partenza, se fosse ancora lì ma nascosto dall'oscurità, o se fosse precipitato in acqua. Per loro, il lago Erie tornò alla sua solita oscurità, come se nulla fosse mai accaduto.

Dopo l'insolito avvistamento, i Baker rimasero in contatto con la Guardia Costiera, sperando di ottenere delle risposte. Tuttavia, la Guardia Costiera li informò che avevano ricevuto l'ordine di cessare ogni ulteriore indagine. Nei giorni seguenti, pezzi di ghiaccio rotto insolitamente grandi furono scoperti proprio nel punto in cui i Baker avevano assistito all'avvistamento. Nonostante ciò, gli scettici sugli UFO affermarono che le due luci brillanti erano semplicemente Venere e Giove, che quella notte erano quasi allineati, e che le luci lampeggianti non erano altro che gas atmosferici.

Tuttavia, quando i ricercatori di UFO pubblicarono un annuncio sul giornale alla ricerca di testimoni, quasi una dozzina di persone si fecero avanti, descrivendo gli stessi UFO visti dai Baker. Le loro testimonianze confermarono ulteriormente gli straordinari eventi di quella notte.

45

L'ondata belga, Belgio orientale, 1989

Il 29 novembre 1989, i poliziotti federali belgi Heinrich Nicoll e Hubert von Montigny iniziarono il loro turno serale. La notte era limpida, con ottima visibilità. Stavano pattugliando a pochi chilometri dal confine tedesco, vicino a una piccola città chiamata Eupen in Belgio. Durante il loro pattugliamento, arrivò una chiamata che segnalava un incidente vicino al confine. Si diressero immediatamente verso il luogo segnalato.

Improvvisamente, intorno alle 17:15, mentre gli agenti stavano guidando, notarono un grande campo vuoto inondato da luci intense, così intense che sembrava di avvicinarsi a uno stadio. Gli agenti erano perplessi. Che cos'era? Da dove proveniva quella luce? Cominciarono a scrutare l'area alla ricerca della fonte. Non c'erano riflettori così potenti da illuminare un intero campo. Poteva essere un elicottero?

Alzarono lo sguardo verso il cielo. Quando finalmente riuscirono a distinguere la forma dell'oggetto, capirono subito che non si trattava di un elicottero. Sopra il campo volteggiava un oggetto triangolare con tre potenti luci bianche che brillavano verso il basso, una per ogni angolo, e una luce rossa pulsante al centro. Il velivolo era completamente silenzioso. Sconvolti, comunicarono immediatamente via radio alla centrale l'avvistamento.

La centrale contattò quattro aeroporti locali per verificare la presenza di attività aeree nella zona, ma nessuno di essi segnalò traffico aereo insolito. Nel frattempo, l'oggetto continuava ad avvicinarsi e entrambi gli agenti cominciarono a provare un'ondata di emozioni intense e sconosciute. Improvvisamente, il misterioso velivolo iniziò ad allontanarsi verso sud-ovest. Senza pensarci troppo, Nicoll e von Montigny saltarono in macchina e si lanciarono all'inseguimento. Nonostante un senso di inquietudine e la possibilità di trovarsi di fronte a qualcosa di sconosciuto e potenzialmente pericoloso, erano determinati a indagare. Quella che era iniziata come una pattuglia di routine stava diventando un inseguimento straordinario.

Il velivolo planava silenziosamente sopra la terra. A differenza dei tipici resoconti di UFO che scompaiono ad alta velocità, questo si muoveva abbastanza lentamente da consentire agli agenti di stargli dietro con la loro auto. La bassa velocità era intrigante e sconcertante: se fosse stato un velivolo convenzionale, avrebbe dovuto viaggiare a diverse centinaia di chilometri all'ora solo per rimanere in volo.

Seguirono l'oggetto fino a un lago appena fuori città, dove il velivolo triangolare finalmente si fermò, librandosi silenziosamente sopra l'acqua. A quel punto, l'UFO si trovava a circa 300 piedi di distanza e a circa 250 piedi sopra la superficie del lago. Era passata circa un'ora dal primo avvistamento, un tempo insolitamente lungo rispetto alla natura tipicamente breve della maggior parte degli incontri con gli UFO.

Gli agenti scesero dall'auto e rimasero in piedi vicino al lago a guardare. C'era un forte senso di attesa, come se qualcosa stesse per accadere. Improvvisamente, l'oggetto lanciò una sfera rossa e rotonda che sembrava una palla di luce incandescente dalla parte inferiore del velivolo. La sfera scese brevemente e poi tornò al velivolo. I testimoni la descrissero come simile a un subacqueo che usa un fucile subacqueo, qualcosa che spara con una corda attaccata, forse per catturare qualcosa e tirarlo indietro. Poteva essere una sonda di osservazione che esaminava l'acqua o conduceva una ricerca a griglia? Nessuno ne aveva idea.

Proprio mentre gli agenti erano lì in piedi sbalorditi, accadde qualcosa di ancora più sorprendente. Un secondo velivolo, quasi identico al primo, apparve improvvisamente nel cielo. Si avvicinò con un angolo inclinato, rivelando la parte superiore della fusoliera. Gli agenti potevano vedere chiaramente una cupola sulla parte superiore e quelle che sembravano finestre, suggerendo la possibilità che ci fossero degli occupanti all'interno. In quel momento, il velivolo si inclinò verso di loro, quasi come se stesse annuendo, riconoscendo la loro presenza. Era come se volesse essere visto.

Dopo una lunga osservazione, entrambi i velivoli si alzarono in volo. Alla fine accelerarono e scomparvero in direzione del confine tra Paesi Bassi e Germania, svanendo nel cielo notturno intorno alle 20:39. Quando gli agenti Nicoll e von Montigny tornarono alla loro auto di pattuglia, ricevettero una chiamata che segnalava un altro avvistamento vicino alla zona di Henri-Chapelle. Durante tutta la notte arrivarono altre chiamate che segnalavano avvistamenti simili in tutta la regione. Alla fine della serata, centinaia di persone avevano segnalato di aver assistito a questi strani eventi. Solo quella prima notte, si stima che circa 1.500 persone abbiano visto qualcosa di insolito.

L'avvistamento UFO del 29 novembre 1989 segnò l'inizio di quella che sarebbe diventata nota come l'ondata UFO belga, che si protrasse dalla fine del 1989 fino all'inizio degli anni '90. Gli eventi di quella notte furono documentati da 30 diversi gruppi di testimoni e 13 agenti in otto località separate. La Società belga per lo studio dei fenomeni spaziali (SOBEPS) condusse indagini appro-fondite, raccogliendo oltre 2.600 testimonianze oculari e numerose fotografie.

Quattro mesi dopo, il 30 marzo 1990, la polizia belga segnalò nuovamente un oggetto non identificato in volo sopra il paese. L'aeronautica militare belga inviò due caccia F-16 per indagare. Mentre decine di civili a terra affermarono di aver assistito all'inseguimento dell'oggetto, i piloti non segnalarono alcuna conferma visiva. L'oggetto, tuttavia, dimostrò un comportamento di volo ben oltre le capacità dei velivoli convenzionali.

Il mese successivo, un misterioso velivolo triangolare fu ripreso su pellicola. Tuttavia, il fotografo in seguito ammise che l'immagine era un falso. Nonostante ciò, la maggior parte degli avvistamenti rimase inspiegabile. Dei circa 2.000

casi segnalati durante l'ondata di UFO in Belgio, circa 650 furono oggetto di indagini approfondite e 500 di essi rimasero inspiegabili.

46

L'incidente di Cosford, Inghilterra, 1993

La notte del 31 marzo 1993, verso mezzanotte, Laura Sinclair era fuori a passeggiare con Sam, il cane di famiglia. Ma c'era qualcosa che non andava in Sam. Continuava ad abbaiare e Laura non riusciva a capire cosa lo infastidisse. La prima cosa che notò fu un ronzio a bassa frequenza. Si guardò intorno, cercando di individuare la fonte del rumore, ma non vide nulla.

All'improvviso, Sam scappò via. In quel momento, Laura ebbe una terribile intuizione. Alzò lo sguardo e proprio sopra di lei vide uno strano oggetto. Vide qualcosa librarsi nel cielo a un'altitudine approssimativa compresa tra 800 e 1.000 piedi. L'oggetto ruotava lentamente e rimaneva sospeso nell'aria.

Mentre Laura lo fissava incredula, l'oggetto scese improvvisamente, cadendo a quasi 700 piedi proprio davanti a lei. Terrorizzata, corse a casa dei suoi genitori e gridò a suo padre in preda al panico: "C'è un oggetto fuori! È in aria! Vieni con me, vieni con me!".

La sua famiglia era comprensibilmente confusa. Ma suo padre uscì per dare un'occhiata, seguito da sua madre, suo fratello, Laura stessa e il suo ragazzo. Tutti guardarono verso l'alto, sbalorditi da ciò che videro. L'oggetto si muoveva in modo irregolare nel cielo, compiendo strani movimenti angolari e a scatti, diversi da quelli di un aereo convenzionale. Era grande, forse circa 600 piedi di diametro.

"Mio Dio", esclamò suo padre.

Essendo un ex militare, non era il tipo che si lasciava facilmente turbare. Come membro dell'Army Air Corps, conosceva praticamente ogni tipo di velivolo, sia ad ala fissa che elicotteri. Se era nel cielo, lui sapeva identificarlo. Forse, si chiese, si trattava di un prototipo top secret, un aereo spia o un drone sperimentale?

In quel momento, l'oggetto iniziò ad allontanarsi. Determinato a saperne di più, il signor Sinclair decise di seguirlo. Per lui e la sua famiglia, questa era un'occasione unica per vedere da vicino quello che sospettava potesse essere un velivolo militare segreto. Saltò in macchina con Laura e il suo ragazzo e si misero all'inseguimento.

Mentre inseguivano l'oggetto, notarono qualcosa di ancora più strano: sembrava cambiare forma. Nel mondo degli avvistamenti UFO, questo non è insolito. Un UFO può apparire come un cilindro, poi trasformarsi in un triangolo o persino diventare una sfera. Non era chiaro se si trattasse di un effetto ottico o se stessero assistendo a due oggetti distinti. Ma una cosa era certa: ciò che stavano vedendo sfidava ogni spiegazione convenzionale.

Il padre era completamente concentrato, determinato ad avvicinarsi al misterioso oggetto. Aveva il piede saldamente sull'acceleratore e l'auto sfrecciava lungo la strada ad alta velocità. Laura e il suo ragazzo, tuttavia, cominciarono a sentirsi a disagio, non solo per la velocità, ma anche per un crescente senso di paura.

Alla fine, quando il padre si convinse che l'oggetto volava molto basso, frenò bruscamente. Tutti e tre saltarono fuori dall'auto e corsero verso un campo vicino, dove credevano che l'oggetto fosse atterrato. Con loro grande stupore, non c'era nulla. Era come se l'oggetto fosse svanito nel nulla. Ma l'avvistamento non era ancora finito.

Mentre il signor Sinclair e la sua famiglia tornavano a casa, a circa 37 miglia a ovest, qualcosa di molto simile si stava avvicinando alla base della Royal Air

Force a Shawbury. Lì, il caporale Charles Banton era impegnato a svolgere i suoi compiti notturni. Charles Banton era ufficiale meteorologico presso la RAF Shawbury, una posizione di grande importanza: era responsabile di fornire dati meteorologici cruciali per gli aerei operativi.

In quel momento, Charles era completamente all'oscuro di qualsiasi attività aerea insolita. Ma improvvisamente, il suo radar iniziò a comportarsi in modo anomalo. Un oggetto non identificato si stava avvicinando alla base, e velocemente. Sapeva per certo che nessun aereo era in programma di volare in quel momento.

Allarmato, Charles guardò fuori e scrutò il cielo. Qualcosa attirò la sua attenzione: due luci che si muovevano nell'oscurità. Passò rapidamente in rassegna le possibili spiegazioni. Poteva trattarsi di una deviazione di emergenza? Un aereo in avaria in difficoltà? Determinato a seguire il protocollo, Charles segnalò l'avvistamento al personale di sicurezza e di pronto intervento.

In realtà, il personale militare e gli agenti di polizia sono spesso riluttanti a rendere pubblici gli incontri con gli UFO. Temono il rischio professionale di essere licenziati, ridicolizzati o addirittura di perdere la carriera. Ma Charles credeva che stesse accadendo qualcosa di grave. Si fidò del suo istinto e fece la telefonata.

Dopo aver avvisato la sicurezza della base aerea, Charles decise di andare a vedere di persona. Uscì e si avvicinò con cautela alla zona in cui era stato avvistato l'oggetto. Man mano che si avvicinava, cominciò a distinguere una forma dietro le luci: sembrava un enorme triangolo che aleggiava silenziosamente sopra la base.

Improvvisamente, il velivolo emise un fascio di luce stretto, simile a un laser. Il fascio toccò il suolo e iniziò a muoversi avanti e indietro sui campi adiacenti alla base militare, come se stesse scansionando o cercando qualcosa. Dopo alcuni istanti, il fascio non si spense semplicemente, ma si ritrasse lentamente nel velivolo, un fenomeno che sfidava le leggi conosciute della fisica. Poi, in un batter d'occhio, l'oggetto scomparve a una velocità incredibile.

Charles era completamente sotto shock. Con otto anni di esperienza nell'aeronautica militare, non aveva mai visto nulla di simile, né in termini di struttura dell'oggetto né in termini di velocità e accelerazione. Segnalò prontamente l'incidente a Nick Pope, capo investigatore del progetto UFO del Ministero della Difesa britannico. Durante un'intervista telefonica con Pope poche ore dopo l'avvistamento, Banton descrisse ciò che aveva visto. La sua voce tremava, riflettendo il profondo shock che provava come osservatore militare addestrato.

Ciò che accadde nella notte del 30 marzo e nelle prime ore del mattino del 31 marzo rimane praticamente senza precedenti nella storia degli UFO britannici. Solo in quella notte furono segnalati altri quaranta avvistamenti di oggetti volanti non identificati, ciascuno dei quali fu oggetto di indagine da parte del Ministero della Difesa britannico.

Il sistema di allerta balistica del Ministero offrì una possibile spiegazione: un razzo ausiliario di un satellite russo potrebbe essersi bruciato nel cielo proprio nel momento in cui si verificarono molti degli avvistamenti. Altri ipotizzarono che gli oggetti potessero essere aerei sperimentali segreti americani, anche se l'aviazione militare statunitense negò ufficialmente tali affermazioni.

Nella sua relazione finale per il Ministero della Difesa, Nick Pope concluse che gli oggetti non potevano essere identificati con certezza.

47

UFO fuori dalla finestra, Plauen, Germania, 1994

I l 21 maggio 1994, intorno alle 23:00, Anna Hufeland, dipendente delle forze dell'ordine tedesche, stava guardando un film nel suo appartamento al terzo piano di un grattacielo a Plauen, in Germania, quando un improvviso blackout colpì il suo edificio. Plauen è una città situata a circa 150 miglia da Francoforte, nella Germania centrale. Vivendo nell'ex Germania dell'Est, Anna era abituata a blackout occasionali, ma questa volta c'era qualcosa di diverso.

Preoccupata, Anna si alzò per indagare. Fuori dalla finestra sembrava esserci una strana luce. *Che cos'è?* si chiese. Uscendo sul balcone, la sua attenzione fu immediatamente attirata da una quercia vicina. Era illuminata in modo insolito, come se fosse immersa in una luce fluorescente o risplendesse da una fonte invisibile. Ancora più bizzarro era il fatto che l'albero stesso si piegava in modo straordinario, come se fosse colpito da una forte tempesta. Anna era ipnotizzata. Nessuno degli altri alberi circostanti era stato colpito e lei non riusciva a capire da dove provenisse il vento o la luce.

Poi, pochi minuti dopo, sia la luce che il vento cessarono improvvisamente. Anna ebbe la netta sensazione che ci fosse qualcosa sopra di lei. Alzò lo sguardo e vide qualcosa di ancora più strano.

Un disco luminoso, di circa 10 metri di diametro, aleggiava vicino al condominio, proprio fuori dal balcone dell'appartamento della sua migliore amica Martina, all'undicesimo piano. Sembrava come se due frisbee fossero stati attaccati insieme. Il disco superiore presentava un anello di luci bianche che ruotavano in senso antiorario, mentre quello inferiore aveva luci simili che ruotavano in senso orario, insieme a diverse finestre scure di forma quadrata. Anna collegò immediatamente l'oggetto allo strano fenomeno che interessava la quercia.

Senza indugio, chiamò la sua migliore amica. Martina, ancora profondamente addormentata, fu svegliata di soprassalto dal telefono che squillava e rispose assonnata.

"Pronto? Pronto?"

"Martina! C'è una strana cosa volante là fuori!" esclamò Anna. "C'è un UFO che si libra proprio fuori dal tuo balcone!"

"Anna, sei pazza... sto dormendo", rispose Martina, naturalmente scettica.

"No, no, no... è davvero lì!" insistette Anna, esortando Martina ad andare a vedere di persona. Sebbene riluttante, Martina alla fine acconsentì. Riattaccò e cominciò ad alzarsi dal letto, solo per scoprire con orrore che sua figlia Frida, che dormiva accanto a lei, era improvvisamente scomparsa. In preda al panico, ormai completamente sveglia, Martina si precipitò sul balcone alla ricerca della figlia.

Lì, Martina vide sua figlia in piedi vicino alla finestra del balcone. L'intera facciata della finestra era illuminata dalle stesse strane luci circolari, bianche e lampeggianti. Si scoprì che Frida era stata attratta dalle luci ed era uscita sul balcone mentre Martina era ancora al telefono con Anna. Ora completamente vigile, Martina si rese conto che Anna aveva detto la verità: c'era davvero uno strano oggetto che aleggiava proprio fuori dal suo balcone. Sopraffatta dalla paura, afferrò sua figlia e corse nell'appartamento di Anna per mettersi al sicuro.

Quando arrivarono a casa di Anna, le due donne uscirono sul balcone. Da lì potevano vedere chiaramente l'oggetto che aleggiava ancora sopra il condominio, muovendosi con un movimento simile a quello di uno yo-yo. Questo tipo di effetto pendolo era stato segnalato anche in altri avvistamenti UFO, spesso descritto come una peculiare manovra di fluttuazione avanti e indietro. Mentre osservavano il velivolo, entrambe le donne sentirono un forte vento provenire da esso.

In quel momento, Anna notò anche qualcos'altro: il bucato steso sul balcone era ora ricoperto da uno strato di fuliggine nera. Questo dettaglio era significativo. Sarebbe stato utile analizzare il materiale, ma purtroppo non fu mai oggetto di indagini approfondite. Era polvere sollevata dal vento? O era qualcosa di completamente diverso?

Improvvisamente, l'oggetto misterioso iniziò a salire. Salì sempre più in alto fino a quando, in un batter d'occhio, scomparve sopra le nuvole, lasciando dietro di sé un grande buco nello strato nuvoloso. Sia Anna che Martina credettero che fosse stato l'UFO a causare la rottura nella nuvola.

Prima che l'oggetto svanisse, Martina aveva rapidamente telefonato a sua cognata, che viveva a breve distanza, per raccontarle l'incidente. Allertata dalla chiamata, la cognata guardò il cielo e, pochi istanti dopo, riferì di aver visto anche lei delle strane luci. Riuscì persino a catturare un importante filmato dell'avvistamento. Martina contattò anche la polizia per riferire ciò che avevano visto. Gli agenti arrivarono nel giro di un'ora e chiesero alle due donne di disegnare ciò che avevano visto. Sorprendentemente, i due disegni coincidevano in quasi tutti i dettagli.

Il giorno seguente, la polizia informò i media che l'avvistamento era stato un semplice riflesso tra le nuvole, presumibilmente causato dai riflettori di una discoteca locale. Tuttavia, non fu fornita alcuna spiegazione per il forte vento o il buco nella nuvola.

Il fisico e ricercatore UFO Illobrand von Ludwiger ha successivamente distribuito 500 questionari ai residenti del quartiere, alla ricerca di ulteriori testimoni. Si è fatto avanti un nuovo testimone. Egli ha descritto in modo indipendente sia l'oggetto che il buco nelle nuvole, e il suo schizzo del velivolo corrispondeva perfettamente ai disegni di Anna e Martina. Von Ludwiger ha infine concluso che il numero limitato di segnalazioni poteva essere attribuito alla persistente riluttanza degli ex tedeschi dell'Est a parlare pubblicamente di esperienze insolite.

48

Avvistamento di massa sulla Klondike Highway, Yukon, Canada, 1996

L a sera dell'11 dicembre 1996, John Smith e suo cugino Billy stavano andando nella città di Carmacks per vendere la loro vecchia Chevrolet Camaro. Stavano guidando da Whitehorse, viaggiando in convoglio attraverso una zona molto remota. Era inverno e le strade erano estremamente scivolose.

Quella stessa notte, a circa 10 miglia dietro di loro, una giovane famiglia stava tornando a casa dopo un weekend fuori porta, percorrendo lo stesso tratto di strada. Non volendo che i loro nomi fossero resi noti, sono stati chiamati i Brown. Avevano trascorso il weekend a Whitehorse e stavano tornando a casa loro nel villaggio di Pelly Crossing. La moglie avrebbe voluto partire prima, perché a quell'ora era già molto buio.

All'improvviso, mentre i Brown superavano una curva vicino alla punta meridionale del lago Fox, videro una fila di luci in lontananza. La cosa li colpì perché non c'erano città o villaggi in quella direzione e le luci non sembravano essere state create dall'uomo. Forse era un camion? Ma si trovava in mezzo al lago, dove non c'erano strade. Il marito si chiese se potesse essere un jumbo jet, come un 747, ma l'oggetto si muoveva troppo lentamente. Preoccupati, i Brown accostarono sul lato della strada. Il marito scese dall'auto per vedere meglio.

Ora, con una visuale migliore, la coppia vide un enorme velivolo, grande all'incirca come uno stadio di calcio, che si librava silenziosamente sopra la strada. Sembrava un ammasso di stelle in movimento, che emettevano una luce intensa che illuminava il terreno sottostante. L'enorme oggetto sembrava essere una nave madre, con le "stelle" più piccole, forse velivoli più piccoli, che rimanevano al suo interno o intorno ad essa. Non avevano mai visto nulla di simile prima d'ora. Era completamente fuori dall'ordinario.

Dall'altra parte del Fox Lake, Billy e John Smith stavano per svoltare lo stesso angolo, ignari di ciò che li aspettava. Billy, che guidava davanti con un camion, fu il primo a superare la curva. Lì vide la stessa enorme fila di luci sospese sopra il lago. Perplesso quanto i Brown, fermò il veicolo per vedere meglio. In quel momento, l'oggetto sembrò reagire alla sua presenza, muovendosi direttamente verso di lui.

Billy rimase sbalordito mentre il velivolo gli passava sopra la testa. Era enorme, grande come uno stadio di calcio, e le sue luci erano così potenti da illuminare l'ambiente circostante come se fosse giorno. Come i Brown, Billy percepì le luci come un ammasso di stelle in movimento. Guardò dietro di sé e vide che suo cugino John si era fermato molto indietro sulla strada. John era troppo spaventato per avvicinarsi. Non sapeva cosa fosse quel misterioso oggetto, né se potesse rappresentare un pericolo per lui e suo cugino.

In quel momento, John si rese conto di avere una macchina fotografica in macchina. Aprì immediatamente le borse e la tirò fuori, sperando di immortalare l'oggetto come prova. Tuttavia, non riuscì a far funzionare correttamente la macchina fotografica. Sembrava essere influenzata da un campo elettromagnetico sconosciuto, forse emanato dal misterioso velivolo.

L'enorme oggetto fluttuò lentamente sopra Billy e il suo veicolo, impiegando diversi minuti per passare sopra le loro teste prima di scivolare oltre la collina e scomparire nell'oscurità, lasciando entrambi gli uomini sbalorditi. Dopo un po' di tempo, quando si furono leggermente ripresi dallo shock, proseguirono per alcune centinaia di metri fino a un bivio e svoltarono nel campeggio Fox Lake. Entrambi erano profondamente confusi e si chiedevano se ciò a cui avevano assistito fosse reale. Stavano avendo delle allucinazioni? Proprio in quel momento, il veicolo dei Brown si avvicinò al Fox Lake Campground. Videro Billy e John accostati e si fermarono per chiedere se stavano bene. Dopo un breve scambio di parole, le due parti si resero conto di non essere sole: entrambi avevano assistito allo stesso oggetto inspiegabile quella notte.

In seguito si scoprì che anche molte altre persone avevano visto il misterioso velivolo. Quella stessa notte, almeno 31 persone lungo un tratto di 200 miglia della Klondike Highway, da Fox Lake alla città di Carmacks (a un'ora di distanza) e persino fino al villaggio di Pelly Crossing (a due ore di distanza), riferirono avvistamenti simili. I testimoni descrissero un velivolo colossale e silenzioso, adornato da file di luci e finestre rettangolari, con alcuni che ne stimarono le dimensioni fino a quattro volte quelle di uno stadio di calcio. Se fosse accurato, sarebbe il velivolo più grande mai documentato in un rapporto sugli UFO. Questo incidente è diventato uno dei casi di UFO più avvincenti nella storia canadese, supportato da incontri ravvicinati e da molteplici testimoni oculari credibili.

L'avvistamento ha attirato una notevole attenzione sia da parte del pubblico che dei ricercatori. L'investigatore UFO Martin Jasek ha condotto interviste approfondite con i testimoni, compilando resoconti dettagliati che hanno rivelato un livello sorprendente di coerenza e credibilità tra le segnalazioni. Alla fine è stato presentato al governo canadese un rapporto completo sull'incidente di Fox Lake. Tuttavia, non è mai stata rilasciata alcuna risposta ufficiale.

Mentre alcuni ipotizzavano che l'oggetto potesse essere un dirigibile, gli esperti hanno osservato che i dirigibili raramente, se non mai, operano in condizioni invernali rigide. Nonostante le indagini approfondite, la vera natura del velivolo massiccio e silenzioso osservato quella notte rimane un mistero irrisolto.

49

L'incidente delle luci di Phoenix, Phoenix, Arizona, 1997

Nella limpida notte del 13 marzo 1997, Tim Ley e suo figlio stavano cercando l'ultimo avvistamento della cometa Hale-Bopp vicino a Prescott, in Arizona. Questo evento astronomico aveva illuminato i cieli notturni per mesi. Scoperta nel 1995 da Alan Hale e Thomas Bopp, la cometa Hale-Bopp è rimasta visibile ad occhio nudo per un periodo record di 18 mesi. Raggiunse la massima vicinanza al Sole nel 1997 e si distinse per le sue grandi dimensioni e l'aspetto eccezionalmente luminoso, guadagnandosi il titolo di "Grande Cometa del 1997". Il centro meteorologico locale aveva previsto un'altra notte serena, offrendo un'ottima opportunità per osservare la cometa. Ley e la sua famiglia erano alla ricerca di una piccola luce brillante con una lunga coda nel cielo notturno a nord-ovest.

Dall'altra parte di Phoenix, Trig Johnson e la sua famiglia non stavano cercando la cometa. Stavano invece approfittando dell'aria fresca della sera per fare alcuni lavori in giardino. Le temperature diurne della città desertica erano torride, rendendo la notte l'unico momento confortevole per godersi l'aria aperta.

All'improvviso, il figlio di Trig ha notato qualcosa di insolito nel cielo: un gruppo di luci che si muovevano lentamente in formazione. Sapeva che quella notte era visibile la cometa Hale-Bopp, ma questa formazione di luci non poteva essere spiegata dalla cometa. Le luci oscuravano persino le stelle mentre passavano sopra le loro teste. Ha immediatamente chiamato suo padre.

"Ehi, papà, guarda lassù. Non è la Hale-Bopp, vero?"

Trig Johnson uscì in giardino e guardò in alto. Essendo un pilota di linea, conosceva molto bene gli aerei e i fenomeni celesti, il che rendeva le sue capacità di osservazione particolarmente preziose. La sua reazione iniziale fu quella di pensare che si trattasse di aerei che volavano in formazione. Sembrava una formazione a V di luci, il che lo portò a considerare la possibilità di uno spettacolo aereo. A lui sembrava una formazione di cinque aerei da trasporto C-130 Hercules con grandi luci sulla parte anteriore.

Tuttavia, man mano che la formazione si avvicinava, le dimensioni e la portata delle luci convinsero Trig che non si trattava di un gruppo di aerei convenzionali. La virata era così precisa; le luci non tremavano, non oscillavano e non cambiavano velocità o altitudine. Questo comportamento era molto innaturale per qualsiasi aereo che lui conoscesse.

In quel momento, le luci hanno iniziato a muoversi verso di loro. La famiglia Johnson ha quindi osservato che queste luci non erano indipendenti, ma erano incorporate in un unico grande velivolo. Trig sentiva che avrebbe potuto far atterrare il suo aereo di linea su questo oggetto enorme: era incredibilmente grande. Per un po', Trig Johnson e la sua famiglia sono rimasti lì, a fissare l'oggetto. Nonostante la paura iniziale, sono rimasti immobili, ipnotizzati da ciò che vedevano.

Torniamo a Tim Ley e a suo figlio Hal: avevano seguito la cometa Hale-Bopp per tutta la notte. Erano stati fuori in macchina e erano appena tornati a casa. Improvvisamente, Hal notò una strana fila di luci nel cielo, proveniente ancora una volta da nord-ovest. Chiamò immediatamente sua madre.

"Che cos'è?"

"Ho pensato che forse fossero elicotteri... ma forse no."

Mentre cercavano di dare un senso a quelle luci, la serie di luci si spostò nella loro direzione, consentendo loro di vedere più chiaramente. Era un enorme velivolo a forma di V, largo circa 1.500 piedi. Man mano che si avvicinava, Tim Ley osservò quelle che sembravano luci incassate nella parte inferiore dell'oggetto.

Man mano che l'oggetto si avvicinava, sembrava trasformarsi. A Tim e alla sua famiglia sembrava che delle stelle fossero proiettate sulla parte inferiore del velivolo. Questo fenomeno è stato definito nei circoli militari come "mimetizzazione stellare". Un concetto correlato è il cosiddetto "dirigibile stealth", un dirigibile militare o di sorveglianza progettato per eludere il rilevamento radar e, secondo quanto riferito, in grado di proiettare il campo stellare sopra di esso sulla sua parte inferiore per mimetizzarsi con il cielo notturno.

È importante notare che se l'oggetto avesse la capacità di alterare il proprio aspetto o la propria forma, testimoni diversi potrebbero riferire di aver visto cose diverse. In realtà, quella notte nello spazio aereo dell'Arizona potrebbero esserci stati fino a sei, o forse anche dodici, oggetti molto grandi, neri e non identificati. Qualunque cosa fossero questi oggetti, non sembravano seguire alcun principio aerodinamico conosciuto. Non deviavano l'aria verso il basso, né utilizzavano alcuna forma di propulsione convenzionale. Non emettevano alcun suono: Tim Ley descrisse l'oggetto come "assordante nel suo silenzio".

Improvvisamente, l'oggetto è sceso e ha accelerato. È sceso a un'altitudine incredibilmente bassa, circa 30-45 metri, planando lentamente e silenziosamente proprio sopra le teste di Tim Ley e della sua famiglia.

Dal punto di vista di Trig Johnson, tuttavia, l'oggetto non si avvicinò. Al contrario, lui e la sua famiglia ebbero la sensazione che stesse trasmettendo un messaggio. Credevano che una qualche forma di comunicazione fosse diretta a loro personalmente, telepaticamente, da qualunque intelligenza si trovasse all'interno del velivolo. Il messaggio che ricevettero era: "Non preoccupatevi. È solo una dimostrazione". Il significato esatto di quella dimostrazione rimane un mistero.

Dopo quasi 30 minuti nel cielo notturno, l'oggetto sembrò allontanarsi. Attraversò la grande area di Phoenix, in Arizona, spostandosi da nord-ovest verso sud-est, in direzione dell'aeroporto internazionale Phoenix Sky Harbor. La famiglia Ley osservò lo strano velivolo scomparire.

Quella stessa notte, diversi testimoni hanno ripreso dei video delle luci sospese. Queste sarebbero poi diventate note come *le Luci di Phoenix*. In risposta, il Consiglio comunale di Phoenix ha avviato un'indagine. Oltre 600 testimoni provenienti da varie località, tra cui Glendale e Scottsdale, si sono fatti avanti per segnalare i loro avvistamenti UFO. I testimoni hanno descritto un velivolo silenzioso a forma di chevron che oscurava le stelle mentre passava sopra le loro teste.

Un aviatore della vicina base aerea di Luke affermò che quella notte due jet da combattimento erano stati fatti decollare e avevano intercettato un oggetto volante. Tuttavia, i funzionari dell'aeronautica militare negarono questa versione e dichiararono che quella notte, durante un'esercitazione di addestramento dei piloti al Barry M. Goldwater Range, erano stati lanciati dei razzi illuminanti. Tuttavia, questa spiegazione non convinse molti testimoni. La dottoressa Lynne Kitei, medico di Phoenix e una delle principali investigatrici civili, mise in dubbio che i razzi potessero mantenere una formazione precisa e attraversare silenziosamente l'intero stato.

Qualche giorno dopo, il governatore dell'Arizona Fife Symington tenne una conferenza stampa fittizia, durante la quale presentò un assistente vestito da alieno, prendendo alla leggera la situazione. Tuttavia, dieci anni dopo, ammise pubblicamente che anche lui aveva assistito quella notte all'avvistamento di un velivolo di origine sconosciuta. La combinazione di numerose testimonianze oculari, comprese quelle di persone credibili, le caratteristiche straordinarie dell'enorme velivolo silenzioso e l'assenza di una spiegazione definitiva hanno continuato ad alimentare il dibattito e il fascino su questo misterioso evento.

50

Casa volante, Lebanon, Illinois, 2000

L a mattina presto del 5 gennaio 2000, intorno alle 4:00, l'agente Ed Barton della piccola città di Lebanon, Illinois, ricevette una chiamata insolita. Un camionista locale e imprenditore della vicina Highland, Illinois, aveva segnalato di aver visto un oggetto enorme e silenzioso nel cielo. Lo descrisse come simile a una casa a due piani con grandi sezioni rettangolari illuminate lungo i lati e luci rosse disposte a forma di rombo nella parte inferiore. L'oggetto sembrava essere vicino al veicolo di pattuglia dell'agente Barton e si stava muovendo nella sua direzione.

L'agente Barton, noto per essere molto credibile e attento ai dettagli, inizialmente era scettico. Chiese persino al centralinista se l'autista del camion potesse essere sotto l'effetto di alcol o droghe, ma gli fu assicurato che non era così. Prendendo sul serio la segnalazione, Barton decise di indagare. Avviò la sua auto di pattuglia e si diresse verso il luogo dell'avvistamento segnalato.

Mentre viaggiava in direzione ovest sulla Widicus Road, Barton ha avvistato due luci brillanti in lontananza, a circa 300-450 metri dal suolo. A soli 16 km di distanza si trovava la più grande base aerea dell'Illinois, la Scott Air Force

Base, quindi ha ipotizzato che le luci potessero appartenere a un aereo in fase di atterraggio. Per confermare la sua ipotesi, Barton ha contattato la centrale e ha chiesto di verificare con la base.

"Potreste chiamare la Scott Air Force Base per vedere se hanno qualcosa in quella zona?", chiese.

Nella vicina città di Shiloh, Illinois, un secondo agente, David Martin, stava monitorando la radio della polizia. Gli agenti erano sbalorditi dalle dimensioni e dalla velocità dell'oggetto, e la centrale stava cercando urgentemente di trovare un'altra unità per verificare l'avvistamento. Senza esitare, l'agente Martin accettò la chiamata e si recò rapidamente sul luogo segnalato.

Nel frattempo, le luci nel cielo continuavano a spostarsi e a cambiare. Le due luci che Barton aveva visto cominciarono a fondersi, formando un'unica luce estremamente brillante. A Barton, ora assomigliava alla bandiera di battaglia giapponese del Sol Levante, con una luce centrale brillante e raggi vividi che si irradiavano verso l'esterno. Era diverso da qualsiasi cosa avesse mai visto. Contattò immediatamente via radio la centrale:

"Attenzione. C'è una luce molto brillante appena a est della città. Non è un aereo, non è la luna, non è una stella!"

La centrale rispose rapidamente. La base aerea di Scott aveva confermato che non c'erano aerei in volo nella zona in quel momento. Questo escludeva qualsiasi spiegazione militare o commerciale conosciuta. Qualunque cosa Barton stesse osservando, non era di origine umana, o almeno non era stata creata con alcuna tecnologia a lui nota.

Nei momenti successivi, l'oggetto iniziò a trasformarsi. Assunse una forma triangolare allungata, con una luce su ogni angolo e luci aggiuntive lungo un'estremità. Il continuo cambiamento di forma, un dettaglio riportato in molti avvistamenti UFO nel corso dei decenni, sembrava sfidare qualsiasi capacità tecnologica conosciuta.

Improvvisamente, mentre Barton osservava, l'oggetto eseguì una virata piatta. Questa manovra sfidava i principi aerodinamici convenzionali, poiché gli aerei in genere si inclinano quando effettuano virate. Poi, in un batter d'occhio, l'oggetto si spostò silenziosamente di circa sei miglia a sud-ovest. Questo movimento sorprendente suggeriva che il velivolo utilizzasse un sistema di propulsione molto più avanzato dei motori a reazione convenzionali.

Ora che l'oggetto era più vicino alla base aerea di Scott, l'agente David Martin di Shiloh riuscì a vederlo più chiaramente. Accostò sul ciglio della strada, scese dal veicolo e guardò in alto. Quello che vide era un gigantesco oggetto triangolare con tre luci brillanti che coprivano una vasta distanza, illuminando il cielo sottostante. Chiamò immediatamente via radio la centrale per segnalare l'avvistamento. Pochi istanti dopo, l'oggetto scomparve dalla vista e sfrecciò verso ovest in direzione di St. Louis, nel Missouri.

A quindici miglia di distanza, nel sobborgo di Millstadt a St. Louis, l'agente Craig Stevens era in pausa. Tornando alla sua auto di pattuglia da un negozio di alimentari nelle vicinanze, si sintonizzò sulla stessa frequenza radio utilizzata dalla centrale e dagli agenti che stavano seguendo l'UFO. Improvvisamente, una chiamata attirò la sua attenzione. La centrale avvertì che un oggetto non identificato si stava dirigendo verso di lui ad alta velocità e che poteva già trovarsi direttamente sopra di lui.

L'agente Stevens uscì di corsa dalla sua auto e guardò in alto. Un grande oggetto triangolare si librava silenziosamente a bassa quota proprio sopra di lui. Cercò freneticamente nella sua auto, afferrò la macchina fotografica e cercò di scattare una foto. Purtroppo, il freddo estremo e l'oscurità interferirono con il funzionamento della macchina fotografica. Più tardi, Stevens disegnò l'oggetto dalla memoria e redasse un rapporto dettagliato.

Vicino a Lebanon, gli agenti Barton e Martin corsero verso un punto più elevato, sperando di intravedere nuovamente il velivolo. Ma era troppo tardi. In soli due o tre secondi, l'oggetto accelerò fino a raggiungere una velocità estremamente elevata e scomparve oltre l'orizzonte.

Quella stessa notte, ciascun agente redasse un rapporto indipendente su ciò che aveva visto. Tutti e tre presentarono schizzi forensi dell'oggetto, che presentavano sorprendenti somiglianze tra loro. Nei casi di UFO che coinvolgono agenti di polizia, la posta in gioco è insolitamente alta. Queste persone hanno molto più da perdere rispetto al cittadino medio; la loro carriera dipende dalla loro integrità e credibilità. Denunciare un UFO rischiava di danneggiare

entrambe. Ciononostante, tutti e tre gli agenti confermarono le loro testimonianze.

Gli avvistamenti hanno suscitato un'ampia copertura mediatica e l'interesse
del pubblico. Nonostante le speculazioni dilaganti, non è mai stata fornita alcuna spiegazione ufficiale. Nel 2002, il National Institute for Discovery Science,
un'organizzazione di ricerca privata, ha ipotizzato che l'oggetto potesse essere
un velivolo sperimentale più leggero dell'aria sviluppato dal Dipartimento della
Difesa, un'affermazione che rimane ancora oggi non confermata. Tuttavia, la
coerenza e la credibilità delle testimonianze oculari, in particolare quelle di
agenti delle forze dell'ordine addestrati, hanno consolidato l'incidente come
uno dei più significativi eventi aerei inspiegabili nella storia moderna degli Stati
Uniti.

51

Bullseye, Challis, Idaho, 2000

Il 27 settembre 2000, a Challis, Idaho, Kris Bales e suo fratello Marc erano a caccia di cervi. Da vent'anni cacciavano cervi su queste colline. Marc e Kris Bales erano imprenditori edili della zona di Bend, nell'Oregon. Godevano di ottima reputazione nella loro comunità: erano professionisti integerrimi e molto rispettati. Amavano cacciare e ogni autunno andavano a caccia nella zona di Challis, nell'Idaho.

Marc e Kris conoscevano molto bene i boschi e il loro obiettivo era un cervo con corna a 12 punte. Tuttavia, dopo una lunga giornata di caccia, i fratelli tornarono al loro campeggio a mani vuote. Lì si unirono al loro migliore amico, Rob, che era stato impegnato a preparare la cena nella roulotte dove avrebbero trascorso la notte.

Era solo un weekend nei boschi con gli amici, ma avevano portato con sé alcune comodità moderne, tra cui alcuni video da guardare. Verso le 21:45, Kris decise di uscire per andare a prendere qualcosa da mangiare con il suo pick-up.

Mentre camminava verso il furgone, ebbe la strana sensazione che stesse per succedere qualcosa: nell'aria si percepiva una tensione quasi fisica, palpabile. Sebbene la zona fosse nota per la presenza di animali selvatici pericolosi, il suono che sentì non assomigliava a quello di nessun animale; sembrava meccanico.

Sentendosi agitato, Kris afferrò la torcia elettrica e scrutò i dintorni alla ricerca di potenziali pericoli.

All'inizio non vide nulla di insolito. Ma mentre continuava a cercare, si rese conto di aver tralasciato una zona: quando alzò lo sguardo, l'oggetto era proprio sopra di lui. Vide un enorme velivolo che oscurava tutte le stelle del cielo. Kris stimò che si trovasse a un'altezza compresa tra i 30 e i 60 metri sopra di lui, così vicino che gli sembrava di poterlo colpire con un sasso.

Per vedere meglio, Kris puntò la torcia verso il cielo. L'oggetto era triangolare con i bordi arrotondati. La potenza necessaria per mantenere immobile un oggetto di quelle dimensioni doveva essere fenomenale, eppure era completamente silenzioso. Quando Kris puntò il fascio di luce verso la parte posteriore dell'oggetto, le luci sul lato inferiore si accesero improvvisamente e divennero più luminose.

Kris pensò che fossero state le sue azioni a provocare quella reazione, come se l'oggetto fosse controllato da un'intelligenza. Era rimasto lì immobile, reagendo solo quando lui aveva puntato la torcia? Non vide viti, né insegne, nulla che potesse identificarlo come un aereo o un elicottero. Lo descrisse come un oggetto dall'aspetto quasi coriaceo. Era chiaro che non proveniva da quelle parti: era qualcosa che non apparteneva a questo mondo.

Le luci continuarono a diventare più luminose. Kris avvertì anche una strana sensazione nell'aria: elettricità statica. Poi sentì un rumore profondo e potente, simile al suono dei motori a turbina di una diga che si accendono. Il rumore era lancinante. Tutto ciò che aveva vissuto era coerente con l'idea che l'oggetto si stesse "accendendo". Provò un senso di pericolo opprimente, come se fosse sotto attacco.

"Ragazzi! Aiuto!", gridò.

"Kris! Kris!"

Sentendo le sue grida, Marc e Rob si precipitarono fuori dal camion. Il loro primo pensiero fu che Kris potesse aver incontrato un orso grizzly o un puma. Quando lo raggiunsero, trovarono Kris a terra mentre il velivolo si allontanava nel cielo. Afferrando i binocoli, cercarono di vedere più da vicino l'oggetto mentre si allontanava. Attraverso le lenti, riuscirono a distinguere ulteriori dettagli, tra cui sei strani cerchi lungo il lato del velivolo.

Marc, che era un pilota, capì subito che l'oggetto non si comportava come nessun velivolo conosciuto. Non inclinava le ali e non produceva alcuna corrente discendente. L'oggetto era grande almeno quanto un caccia F-15, ma rimaneva in volo a una velocità di circa 40 miglia all'ora. Affinché un F-15 potesse rimanere in volo, la sua velocità di stallo avrebbe dovuto essere compresa tra 115 e 120 miglia all'ora: questo oggetto sfidava le leggi fisiche conosciute. I fratelli descrissero il suo movimento come incredibilmente fluido, che scivolava senza sforzo, quasi come un disco da hockey che scivola sul ghiaccio.

Mentre molti rapporti descrivono gli UFO che sfrecciano ad alta velocità, questo oggetto fluttuava semplicemente con fluidità lungo la valle. Kris, che una volta era stato inseguito da un orso, disse che il terrore che provò durante questo incontro superava di gran lunga quell'esperienza. Essere inseguito da un orso, sebbene spaventoso, era qualcosa che poteva capire: aveva un punto di riferimento. Questo, invece, andava oltre la sua comprensione e non sapere con cosa aveva a che fare lo rendeva ancora più terrificante.

Temendo per la loro incolumità, i fratelli abbandonarono il campeggio e guidarono fino all'alba fino al motel più vicino. Il giorno successivo, Marc segnalò l'avvistamento sia alla Federal Aviation Administration (FAA) che alla base aerea più vicina, Mountain Home. Non hanno mai affermato che l'oggetto fosse extraterrestre, hanno semplicemente riferito ciò che avevano visto. Marc ha fornito le coordinate GPS esatte dell'avvistamento. È interessante notare che il giorno seguente sono stati avvistati dei caccia americani che volavano vicino all'area del campeggio.

Quando Marc contattò l'aeroporto di Boise, situato a circa 186 miglia di distanza, gli fu comunicato che la torre radar non aveva rilevato nulla di insolito nella zona in cui lui e gli altri stavano cacciando. Tuttavia, mentre analizzava i dati del radar meteorologico Doppler di quella sera, l'ex meteorologo del Servizio Meteorologico Nazionale William Puckett scoprì due letture insolite vicino al campeggio dei fratelli Bales, appena otto minuti prima che lo strano velivolo fosse avvistato.

L'identità del misterioso velivolo gigante rimane sconosciuta ancora oggi.

52

Cieli spettrali, Chicago, 2004

Il 31 ottobre 2004, Tinley Park era affollata di genitori e bambini che erano scesi in strada per festeggiare Halloween. Tinley Park era un piacevole e classico sobborgo residenziale di Chicago, un luogo ideale in cui vivere. Infatti, era riconosciuto come uno dei posti migliori degli Stati Uniti in cui crescere una famiglia.

TJ era un padre di famiglia che gestiva un impianto chimico ed era anche un appassionato di astronomia. Quando i bambini bussarono alla sua porta, li accolse e distribuì loro dei dolciumi. Proprio mentre stava per rientrare in casa, notò delle luci intense in lontananza, luci che riconobbe immediatamente come insolite. Non era la prima volta che TJ vedeva qualcosa di strano nel cielo, quindi chiamò subito sua moglie.

"Tesoro! Tesoro!"

Un paio di mesi prima, TJ aveva assistito a qualcosa di simile. Affascinato dagli UFO, era sempre pronto a indagare. Durante l'avvistamento di agosto, era stato una delle migliaia di persone che avevano visto le misteriose luci. In quel momento, non aveva una macchina fotografica a disposizione e non aveva potuto registrare ciò che aveva visto. Ma la notte di Halloween, TJ era preparato: afferrò la macchina fotografica senza esitare.

Attraverso l'obiettivo, poteva vedere tre luci rosse che si muovevano all'unisono, come se fossero collegate. Sua moglie Jenny lo raggiunse, ma nessuno dei due riuscì a identificare l'oggetto. Poco dopo, un amico chiamò Jenny e confermò che anche loro avevano visto le strane luci nel cielo.

Dall'altra parte di Tinley Park, un imprenditore edile di 38 anni di nome Bob Anderson stava tornando a casa dal lavoro, dirigendosi a sud, appena a est del parco. Bob Anderson non era il suo vero nome. Come molti testimoni di UFO, era disposto a condividere la sua esperienza, ma ha chiesto di rimanere anonimo. Mentre guidava, qualcosa di insolito nel cielo ha attirato la sua attenzione. Era una luce che non assomigliava a nessun aereo che avesse mai visto, diversa da qualsiasi cosa avesse mai visto in volo prima. Mentre proseguiva, si rese conto che era così insolita che voleva chiamare sua figlia.

La figlia diciassettenne di Bob, Francis, era fuori a fare "dolcetto o scherzetto" con il suo ragazzo in un'altra parte della città. Fu sorpresa dalla chiamata di suo padre e gli disse che si stava divertendo molto. Tuttavia, la domanda successiva di Bob le fece capire che stava succedendo qualcosa di strano.

"Vedi qualcosa di insolito nel cielo?"

"Sì, vedo qualcosa di strano."

Quello che Francis vide erano tre luci rosse nel cielo, le stesse luci che TJ e Jenny avevano visto. Tuttavia, non era quello che vedeva Bob. Lui osservava un oggetto piuttosto luminoso e grande che sembrava avvicinarsi a lui. In quel momento, svoltò in una strada tranquilla circondata da alberi, sperando di trovare un punto di osservazione migliore per vedere l'oggetto più chiaramente.

Improvvisamente, mentre parlava con sua figlia, la situazione degenerò rapidamente. Le luci sopra Bob vennero dritte verso di lui, scendendo rapidamente fino a trovarsi molto, molto basse. Era allo stesso tempo terrorizzato e affascinato da ciò che stava vedendo.

Al telefono, sua figlia notò che qualcosa non andava. Gli chiese cosa stesse succedendo. Bob disse che non riusciva a credere ai suoi occhi.

"Cosa intendi, papà?"

"È come un ferro di cavallo gigante. È una specie di astronave".

Bob le descrisse un oggetto piuttosto grande a forma di ferro di cavallo. Disse: "Quelle non sono luci nel cielo, è un'astronave, ed è a circa 30 metri sopra di me". Lui e sua figlia stavano vedendo due oggetti completamente diversi.

Qualunque cosa stessero osservando Francis, TJ e migliaia di altri testimoni a Tinley Park sembrava muoversi. Ma l'oggetto che Bob stava seguendo non si muoveva. Tornò in vista quando lui uscì dalla strada, cercando di vederlo meglio.

Francis si spaventò. Temeva che suo padre fosse in grave pericolo. In preda al panico, lo pregò di rimanere in macchina.

Ma l'intensa curiosità di Bob lo spinse ad avvicinarsi. Quasi direttamente sopra di lui c'era questo oggetto, diverso da qualsiasi cosa avesse mai visto prima. Poteva vedere che era curvo, lucido, quasi bello e gigantesco. Pensò: "*Questa cosa è grande come una casa*" e non aveva idea se stesse per scendere.

All'improvviso, l'oggetto iniziò a muoversi. Decollò rapidamente verso nord-nord-ovest a una velocità estremamente elevata e presto scomparve nel cielo notturno. Bob rimase lì, a fissare il cielo, finché non si rese conto che la sua auto stava bloccando la strada. Tornò quindi in macchina e se ne andò.

Anche basandosi solo su ciò che avevano visto Bob e sua figlia Francis, era evidente che ciò a cui le persone avevano assistito quella notte a Tinley Park coinvolgeva almeno due velivoli. In molti avvistamenti in cui era presente più di un oggetto, gli UFO non avevano sempre lo stesso aspetto. Non era insolito che più persone riferissero di aver visto diversi tipi di oggetti a Tinley Park quella notte.

Sia la natura che il numero degli oggetti nel cielo quella notte rimasero incerti, ma le migliaia di testimonianze non potevano essere ignorate. Le autorità locali ricevettero oltre 50 segnalazioni di UFO il 21 agosto e il 31 ottobre 2004. Tuttavia, Tinley Park era vicina a due degli aeroporti più trafficati d'America, e nessuno dei due segnalò oggetti insoliti nei cieli.

Il vicino dipartimento di polizia di Chicago attribuì le luci a palloni meteorologici o razzi, ma nessun testimone descrisse le luci come razzi in discesa e il loro movimento sfidava i modelli del vento che avrebbero influenzato i palloni. Entro 24 ore dagli avvistamenti di Halloween, un oggetto triangolare non identificato è stato fotografato sopra Minneapolis e un altro è stato immortalato sopra

Prince Rupert, in Canada. A causa della grande quantità di prove video, gli incidenti hanno ricevuto ampia attenzione da parte dei media. Alla fine sono stati inseriti nella lista dei 10 migliori incontri ravvicinati ripresi su nastro.

53

L'UFO Tic Tac, costa della California meridionale, 2004

Il 14 novembre 2004, il comandante David Fravor e il suo gregario, il tenente comandante Alex Dietrich, decollarono dalla portaerei USS *Nimitz*, che stava effettuando manovre a sud di San Diego. Fravor era il comandante dello Strike Fighter Squadron 41, i Black Aces. Dietrich, ufficiale della Marina con 20 anni di carriera alle spalle, era stato insignito della Stella di Bronzo e della Medaglia Aerea per aver prestato servizio in due missioni di combattimento a sostegno dell'Operazione Iraqi Freedom e dell'Operazione Enduring Freedom in Afghanistan. Entrambi erano piloti esperti con una vasta esperienza.

Quel giorno, Fravor e Dietrich stavano pilotando dei nuovissimi F/A-18F Super Hornet in un'esercitazione di difesa aerea: due "buoni" contro due "cattivi". Ogni jet trasportava un ufficiale addetto ai sistemi d'arma sul sedile posteriore. Si trovavano a circa 70 miglia dalla costa, nello spazio tra San Diego ed Ensenada.

Improvvisamente, i piloti furono contattati dagli operatori radar della vicina nave da guerra USS *Princeton*. Gli operatori li informarono che l'addestramento

era sospeso: ora avevano un compito reale da svolgere. I piloti furono reindiriz-
zati verso una nuova posizione, ma nessuno disse loro il motivo.

Fravor obbedì ai nuovi ordini e virò verso ovest, con il jet di Dietrich alla sua
sinistra. In qualità di pilota più giovane, Dietrich cercò di tenere il passo con
Fravor nell'aereo di testa. Scrutarono il cielo alla ricerca di qualcosa di insolito,
ma non videro nulla sul radar di bordo. Fravor parlò con il suo ufficiale addetto
ai sistemi d'arma, cercando di dare un senso alla situazione.

Nel frattempo, a bordo della USS *Princeton*, gli operatori radar fissavano
intensamente i loro schermi. Avevano individuato diversi veicoli aerei anomali
che erano apparsi a un'altitudine di 80.000 piedi, per poi scendere rapidamente
a circa 20.000 piedi in meno di un secondo, prima di librarsi in volo. L'avanzato
sistema radar Aegis SPY-1 della Princeton era in grado di rilevare oggetti piccoli
come una palla da baseball a 80.000 piedi. Tuttavia, nonostante le sue capacità,
gli F/A-18 stavano "volando alla cieca". Non era la prima volta che il team radar
vedeva quegli strani oggetti; erano apparsi da circa due settimane. Ora, Fravor e
Dietrich erano stati inviati in missione per intercettarli e indagare.

Tornato al comando del Super Hornet, Fravor si sforzò di individuare qualsiasi cosa ci fosse là fuori. Era già abbastanza difficile quando un pilota sapeva
cosa cercare, figuriamoci quando non ne aveva idea. Guidato dall'operatore
radar della Princeton, Fravor scese fino a quando il segnale radar e il suo jet
non furono più separati sullo schermo dell'operatore. Lui e Dietrich avevano
raggiunto il "merge plot", il che significava che i loro aerei occupavano lo stesso
spazio aereo del bersaglio sconosciuto. Senza ulteriore guida radar, la ricerca
divenne puramente visiva.

Poi, molto più in basso, individuarono un'area di acqua bianca e turbolenta
delle dimensioni di un Boeing 737 in un mare altrimenti calmo e blu. Sembrava
che un aereo fosse precipitato o che un sottomarino stesse emergendo. Ma sul
sedile posteriore del jet di Fravor, il suo ufficiale addetto ai sistemi d'arma vide
qualcos'altro.

"Ehi, capitano, vede...?" L'ufficiale addetto ai sistemi d'arma aveva appena
iniziato a parlare quando Fravor notò uno strano oggetto bianco a forma di
Tic Tac che si muoveva proprio sopra la zona di acqua bianca e turbolenta. Era

privo di caratteristiche distintive: niente ali, niente segni, niente rotori, niente scie di scarico. Lungo circa dodici metri, era più o meno delle dimensioni del suo F/A-18.

"Santo cielo, che cos'è quello?" esclamò Fravor.

"Non lo so", rispose l'ufficiale.

Secondo una sintesi trapelata dell'incidente, il contatto avvenne a circa 30 miglia dalla costa e 70 miglia a sud del confine tra Stati Uniti e Messico. All'inizio, il velivolo rimase vicino alla superficie dell'oceano, muovendosi in un modo che i piloti non avevano mai visto prima. Cambiava direzione istantaneamente, come se fosse una pallina da ping pong che rimbalzava su pareti invisibili.

Per vedere meglio, Fravor e Dietrich iniziarono a orbitare intorno all'area, effettuando una virata a destra in modo che l'oggetto rimanesse al centro della loro traiettoria di volo circolare. Partirono dalla posizione delle ore 6. Quando raggiunsero le ore 9, il velivolo continuava a sfrecciare in modo irregolare intorno al disturbo nell'acqua sottostante.

Mentre Dietrich manteneva la sua altitudine più elevata, Fravor decise di dare un'occhiata più da vicino. Disse al suo ufficiale addetto ai sistemi d'arma che sarebbe sceso per indagare, e il Super Hornet discese lungo la sua traiettoria circolare verso l'oggetto. Quando raggiunsero la posizione delle ore 12, l'incontro prese una piega inaspettata.

L'oggetto ruotò improvvisamente e iniziò a salire, rispecchiando i movimenti di Fravor. Era come se fosse consapevole della sua presenza e reagisse attivamente a lui. In un istante, passò da una posizione quasi sospesa a una salita brusca e aggressiva verso la loro altitudine.

Un'ondata di inquietudine attraversò la cabina di pilotaggio. Ora si trovavano faccia a faccia con qualcosa che non riuscivano a identificare e che reagiva in modo intelligente alle loro manovre. Fravor puntò il muso del suo jet verso la direzione in cui si stava dirigendo l'oggetto, determinato a vedere quanto potesse avvicinarsi. Cercava ancora di razionalizzare la situazione: poteva essere un elicottero? Un drone? Qualche tecnologia russa avanzata? Aveva bisogno di risposte.

L'oggetto era ora direttamente davanti a lui, a breve distanza. Poi, senza preavviso, accelerò con una velocità sorprendente, attraversando davanti al suo muso e svanendo in una frazione di secondo.

"Wow", mormorò Fravor.

Entrambe le cabine di pilotaggio erano sbalordite. La manovra era al di là delle capacità di qualsiasi tecnologia umana conosciuta. Compresi Dietrich e il suo ufficiale addetto ai sistemi d'arma, tutti e quattro i membri dell'equipaggio assistettero all'intero incontro, che durò circa cinque minuti.

Il *Tic Tac* sembrava essere scomparso. Ma mentre i jet sfrecciavano verso il punto di incontro prestabilito, noto come CAP (Combat Air Patrol), le comunicazioni radio divennero improvvisamente frenetiche. Un controllore a bordo della *Princeton* intervenne:

"Ehi, signore, non ci crederà... ma quella cosa è al vostro punto CAP".

Il punto CAP era una posizione geografica designata dove una pattuglia di aerei da combattimento avrebbe orbitato per fornire difesa aerea. Nel caso di Fravor, era a sessanta miglia di distanza. Il *Tic Tac* aveva accelerato da una posizione stazionaria e aveva percorso quella distanza in meno di un minuto, equivalente a una velocità di circa 3.700 miglia all'ora.

Come faceva a conoscere il punto CAP dei piloti? E come poteva accelerare così rapidamente? Nessuno aveva una risposta.

Per David Fravor e Alex Dietrich, l'incontro fu indimenticabile. Stavano pilotando uno dei caccia più avanzati del pianeta, eppure avevano appena visto qualcosa che poteva accelerare all'istante, svanire e riapparire a sessanta miglia di distanza quasi immediatamente. Sapevano che nessuna tecnologia umana poteva farlo. Qualunque fosse questa capacità, la sua origine era sconosciuta.

Una volta tornati a bordo della *Nimitz*, i piloti informarono il resto della squadriglia. L'equipaggio successivo si stava preparando al decollo e Fravor e Dietrich descrissero ciò che era appena accaduto. All'inizio alcuni pensarono che stessero scherzando, ma si resero presto conto che entrambi i piloti erano seriamente convinti. Con la loro eccellente reputazione, la vasta esperienza di combattimento e la comprovata onestà, Fravor e Dietrich non erano tipi da esagerare.

Più tardi, il tenente comandante Chad Underwood, ufficiale addetto ai sistemi d'arma e seduto sul sedile posteriore, decise di cercare lui stesso il *Tic Tac*. Il volo successivo era equipaggiato con un pod di puntamento dotato di sensore a infrarossi e telecamera. Grazie a questo sistema potenziato, il radar riuscì a individuare brevemente il bersaglio. Come in molti altri incontri con UAP, il *Tic Tac* ha disturbato il radar, ma Underwood è riuscito a agganciarlo per alcuni istanti con la telecamera di puntamento a infrarossi prima che sfrecciasse via di nuovo. Questo filmato è poi diventato il famoso video *del Tic Tac*.

Nonostante fosse supportato dai dati radar, dalle immagini a infrarossi e dalle testimonianze oculari di quattro piloti esperti, l'incidente fu inizialmente accolto con scetticismo all'interno del Pentagono. Con il passare del tempo, tuttavia, attirò un'attenzione più seria. Il caso alla fine arrivò al Segretario alla Difesa. Christopher Mellon, allora vice segretario alla Difesa per l'intelligence sotto i presidenti Clinton e George W. Bush, aveva accesso a programmi top-secret e venne a conoscenza del caso *Tic Tac*.

Dopo aver letto il rapporto, Mellon si preoccupò del fatto che non si stesse facendo nulla riguardo agli UAP. Nel 2017, come privato cittadino, ottenne in modo discreto tre video declassificati della Marina, tra cui *il Tic Tac*, e li divulgò al *New York Times*. Cominciò a raccontare pubblicamente la storia dei piloti ai media, al canale History Channel e ai membri del Congresso. I suoi sforzi contribuirono a spingere il Pentagono a riattivare la Task Force UAP, poiché il Senato esigeva delle risposte. I membri delle forze armate sono stati ora incoraggiati, anziché scoraggiati, a segnalare strani incontri aerei.

L'identità del *Tic Tac* rimane ancora un mistero e continua a suscitare il fascino del pubblico e ad alimentare le indagini del Congresso sul fenomeno UAP.

54

L'avvistamento di Alderney, Isole del Canale, Regno Unito, 2007

Nel pomeriggio del 23 aprile 2007, il volo 544 della Aurigny Airlines stava effettuando un servizio di routine da Southampton, Regno Unito, ad Alderney. L'aereo era un BN2A Trislander con nove passeggeri a bordo, e il responsabile del volo era il capitano Raymond Anthony Bowyer.

Il capitano Bowyer era un pilota veterano che aveva iniziato a volare nel 1984. Al momento dell'incidente, era pilota di linea professionista da 18 anni e volava sulla rotta Southampton-Alderney da otto anni e mezzo. Aveva esperienza nel pilotare molti tipi di aerei su rotte in tutto il Regno Unito, nelle Isole del Canale e in Europa.

La rotta Southampton-Alderney era un collegamento di trasporto fondamentale sia per i visitatori che per i residenti di Alderney. Parte del Baliato di Guernsey, un territorio della Corona britannica, Alderney era nota per la bellezza dei suoi paesaggi, la fauna selvatica e i siti storici. Il volo diretto da

Southampton durava solo 40 minuti, rendendola una destinazione popolare per i viaggiatori in cerca di una vacanza tranquilla e immersa nella natura.

Tuttavia, questo volo sarebbe stato tutt'altro che ordinario.

Dopo il decollo, l'aereo salì alla quota di crociera designata di 4.000 piedi. Il capitano Bowyer attivò il pilota automatico, mantenendo una velocità di crociera di 130 nodi (circa 150 miglia all'ora). Il tempo era prevalentemente nuvoloso, con un sottile strato di foschia sotto l'aereo. Tuttavia, l'orizzonte davanti era sereno e la visibilità all'altitudine di crociera era stimata in 100 miglia. Dalla sua posizione, il capitano Bowyer poteva vedere chiaramente le isole di Alderney e Guernsey.

Alle 14:06, quando l'aereo si trovava a 15 miglia dal punto di segnalazione ORTAC, il capitano Bowyer notò una luce brillante vicino all'orizzonte, quasi direttamente davanti a lui. La sua prima impressione fu che potesse trattarsi della luce del sole riflessa dalle grandi serre di vetro di Guernsey, a diverse decine di miglia di distanza. Aveva già visto molte volte riflessi simili e si aspettava che la luce svanisse in pochi istanti man mano che l'aereo si avvicinava.

Tuttavia, questa luce non svanì. Guardando più da vicino, si rese conto che si trattava di qualcosa di insolito: un oggetto che si librava silenziosamente nel cielo. Attraverso il binocolo, il capitano Bowyer osservò quello che sembrava essere un oggetto giallo dorato, a forma di sigaro sottile sospeso orizzontalmente. Sembrava auto-luminoso piuttosto che riflettente, brillante ma non abbagliante alla vista. L'oggetto aveva bordi ben definiti e estremità appuntite, con una macchia o una banda grigio grafite scura vicino all'estremità destra. Il capitano Bowyer stimò che fosse grande all'incirca come un Boeing 737, o anche più grande, e che sembrasse trovarsi a un'altitudine di circa 4.000 piedi.

Con un oggetto così grande davanti all'aereo, il capitano Bowyer decise di verificare con il controllo del traffico aereo. Contattò via radio la Jersey Control Zone e chiese:

«C'è traffico, non saprei dire a che distanza, alle mie ore dodici, in quota?»

Paul Kelly, controllore della zona di controllo di Jersey, ha rapidamente esaminato il radar ma non ha trovato nulla di insolito.

"No, nessun traffico segnalato alle ore dodici."

"Ricevuto", rispose il capitano Bowyer. "Ho un oggetto molto luminoso...
un oggetto giallo-arancio estremamente luminoso, proprio davanti a me. Una
piattaforma molto piatta... la sto osservando con il binocolo mentre parliamo."
Kelly controllò di nuovo il radar. Questa volta vide un segnale. Rispose
rapidamente via radio:

"Ricevuto, ora ho un contatto primario molto debole, appena a sinistra,
probabilmente alle vostre ore undici questa volta, a una distanza di circa quattro
miglia."

"Ricevuto", confermò Bowyer.

Mezzo minuto dopo, il capitano Bowyer comunicò nuovamente via radio:
"Altre informazioni su quell'aereo, per favore?"

Kelly scansionò ancora una volta il radar. L'unico segnale era ancora il debole
contatto primario a sinistra del Trislander di Bowyer, ma non erano disponibili
ulteriori dettagli. Normalmente, se l'oggetto fosse stato un velivolo convenzionale, il suo transponder avrebbe fornito un codice di identificazione e l'altitudine alla torre di controllo. Kelly aggiornò Bowyer con queste informazioni,
ma osservò che il debole segnale radar poteva essere stato causato da un falso
segnale.

Tuttavia, il capitano Bowyer insistette di avere un contatto visivo certo a ore
dodici, poiché l'oggetto giallo brillante a forma di sigaro era ancora chiaramente
visibile. Ciò era in contrasto con l'osservazione radar di Kelly, che collocava il
contatto a ore dieci rispetto a Bowyer.

Per confermare la sua osservazione, il capitano Bowyer chiese a Kelly se qualcun altro potesse vedere l'oggetto. Il controllore contattò quindi via radio il volo
Blue Islands 832, un altro aereo nelle vicinanze. Il capitano Patrick Patterson, al
comando di quel volo, aveva già ascoltato le precedenti comunicazioni. Controllò rapidamente all'esterno, ma riferì di non vedere nulla in quella posizione.
Kelly passò quindi il volo Blue Islands 832 al Jersey Approach, un'altra unità di
controllo responsabile di continuare le comunicazioni.

Circa un minuto e mezzo dopo, il capitano Patterson del volo Blue Islands
832 notò qualcosa di insolito quando guardò indietro oltre la sua spalla sinistra.
Contattò immediatamente via radio Jersey Approach:

"Ho qualcosa a ore otto che corrisponde alla descrizione".

Ciò che il capitano Patterson vide era un oggetto di forma ovale simile a quello descritto dal capitano Bowyer. Era di colore giallo-beige, con contorni sfocati, e sembrava trovarsi a circa 2.000 piedi sotto di lui, a un'altitudine di circa 1.500 piedi. L'oggetto si trovava a circa 23 miglia a ovest di Alderney e sembrava essere fermo. Nonostante uno strato di foschia al di sotto della sua altitudine, la visibilità era discreta e Patterson vide l'oggetto diverse volte mentre passava da un compito di volo all'altro.

Tornato nella cabina di pilotaggio del Trislander, mentre il controllore parlava con il Blue Islands 832, il capitano Bowyer notò improvvisamente un secondo oggetto all'esterno. Sembrava quasi identico al primo - giallo dorato con bande nere scintillanti - ma era più piccolo e leggermente meno luminoso. Questo secondo oggetto era posizionato un po' a destra del primo e ad un'altitudine leggermente superiore. Entrambi gli oggetti rimasero visibili a ovest di Alderney. Bowyer confermò l'avvistamento con il binocolo e comunicò via radio al controllo del traffico aereo di Jersey:

"Beh, guardando attraverso il binocolo come sto facendo ora, ce n'è un secondo che è appena apparso dietro al primo, da dove mi trovo".

Dopo aver verificato la posizione dei due oggetti con Bowyer, il controllore confermò un contatto radar primario che probabilmente corrispondeva al secondo oggetto. In realtà, il capitano non era l'unico ad averli visti: anche i passeggeri a bordo del volo 544 della Aurigny Airlines avevano notato quelle forme luminose. Grazie al design aperto della cabina di pilotaggio del Trislander, ben nove passeggeri poterono osservare gli oggetti giallo oro brillante, confermando la segnalazione del capitano.

Mentre il Trislander continuava verso Alderney, Bowyer osservò che gli oggetti cambiavano di altitudine, dimensione apparente e posizione l'uno rispetto all'altro. Quando iniziò la discesa per l'atterraggio, l'aereo attraversò lo strato di foschia a 2.000 piedi e gli oggetti apparvero molto vicini all'orizzonte. Alle 14:18, dopo essere sceso completamente nella foschia, Bowyer li perse di vista. L'aereo atterrò poi in sicurezza all'aeroporto di Alderney.

L'avvistamento di Alderney rimane uno dei casi più avvincenti e ben documentati nella storia dell'aviazione. Gli oggetti sono rimasti visibili per circa nove minuti, chiaramente visibili senza causare disagio, e sono stati confermati sia dai passeggeri a bordo che da un pilota di un altro aereo. Anche il controllo del traffico aereo ha confermato un contatto radar primario che probabilmente corrispondeva al secondo oggetto.

Sono state proposte diverse spiegazioni, tra cui parhelia, miraggi, nuvole lenticolari e luci sismiche, ma nessuna di esse spiega in modo soddisfacente il fenomeno osservato. Dopo l'atterraggio, il capitano Bowyer ha presentato una relazione ufficiale di quasi incidente all'Autorità per l'aviazione civile. Nonostante la notevole attenzione dei media e la conferma da parte di un altro pilota, il Ministero della Difesa britannico ha rifiutato di indagare, citando il fatto che l'evento si era verificato nello spazio aereo francese. Ad oggi, l'identità dei misteriosi oggetti rimane sconosciuta.

55

Avvistamento a Stephenville, Texas, 2008

La sera dell'8 gennaio 2008, vicino a Stephenville, in Texas, Lance Jones, residente nella contea di Erath, si è riunito con i suoi buoni amici Mike Odom e Steve Allen per una partita a poker. Steve Allen era un pilota civile, Lance Jones era un postino e Mike Odom era un amico di Allen. Il gruppo si scambiò gli auguri di buon anno, scherzò sulle proprie famiglie e accese un fuoco di legna. Avevano in programma di bere qualche birra e godersi il cielo notturno.

Improvvisamente, Odom notò delle luci molto intense provenire da nord-est. "Ehi, guardate lì", disse. Seguendo le sue parole, Allen vide le luci, che sembravano avere le dimensioni di tre o quattro lune piene, occupare una parte significativa del cielo. I punti luminosi, sette in totale, erano allineati nel cielo notturno e lampeggiavano senza un ordine particolare. Man mano che l'oggetto si avvicinava, le sette luci formavano un arco. Nonostante la loro luminosità, le luci non emettevano alcun suono.

"Che cos'è? Un paio di aerei in formazione?", chiese qualcuno.

Come pilota con 30 anni di esperienza, Steve Allen faceva fatica a credere a ciò che stava vedendo. Aveva familiarità con gli aerei e l'aviazione. Come pilota, doveva riconoscere ciò che lo circondava perché poteva rappresentare una potenziale minaccia: doveva stare all'erta e consapevole di ciò che c'era nel cielo. Non era il tipo di persona che si lasciava ingannare da altri aerei.

Steve Allen e i suoi amici cercarono di dare un senso a ciò che stavano vedendo. Uno di loro stimò che l'oggetto fosse grande circa la metà di un Walmart, ma un altro rispose prontamente che era molto più grande di un normale Walmart. Credevano che l'oggetto fosse paragonabile a circa sei campi da calcio e stimarono che dovesse essere largo un miglio.

Odom suggerì che potesse trattarsi di un velivolo militare, ma i suoi amici respinsero rapidamente l'idea. All'epoca non c'era nulla nell'inventario militare che fosse largo un miglio, figuriamoci che volasse sopra le loro teste. Erano tutti ipnotizzati. Anche nella letteratura sugli UFO, c'erano pochissime segnalazioni di persone che avevano visto oggetti così grandi.

Mentre guardavano, si spaventarono per ciò che videro dopo. Il cielo sopra la contea di Erath si illuminò. Gli oggetti emettevano una luce blu-bianca estremamente brillante, simile alla torcia di un saldatore ad arco, trasformando quasi il cielo notturno in pieno giorno. Che diavolo stava facendo? Avrebbe fatto loro del male? In preda al panico, Lance Jones corse al suo pick-up, saltò dentro e se ne andò, lasciando indietro i suoi amici.

A venti chilometri di distanza, a Dublin, in Texas, l'agente di polizia locale Leroy Gayton uscì dalla sua auto. L'8 gennaio era il compleanno di sua moglie e aveva bisogno del portafoglio per pagare un evento pay-per-view che avevano in programma di guardare.

All'improvviso, fu colpito dalla vista di due luci molto luminose, di colore rosso-arancio, a sud-sud-ovest della sua casa. Una si accendeva e poi si affievoliva, mentre un'altra appariva a una certa distanza, anch'essa accendendosi e affievolendosi. Leroy Gayton non aveva idea di cosa stesse vedendo; sapeva solo che era qualcosa che non aveva mai visto prima. Notò anche che le luci non emettevano alcun suono.

Anche le luci che i tre uomini stavano osservando a Stephenville erano silenziose, ma sembravano diverse da quelle viste da Leroy Gayton. Dal punto di vista di Allen, c'erano quattro luci. Dal punto di vista di Leroy Gayton, il punto di riferimento era diverso. Probabilmente stavano osservando lo stesso oggetto. Ma una cosa era certa: era qualcosa di inspiegabile.

Leroy Gayton entrò immediatamente in casa per dirlo a sua moglie e a suo figlio. Voleva che qualcun altro confermasse ciò che stava vedendo. Ma quando tornò fuori, le luci erano scomparse. Il figlio disse a Leroy Gayton che la madre credeva che fosse solo un aereo.

Tuttavia, mentre padre e figlio si avvicinavano alla loro auto, il ragazzo notò qualcosa di insolito nel cielo. "Papà, che cos'è?", chiese.

Leroy Gayton guardò di nuovo verso sud per vedere se riusciva a individuare le due luci rosso-arancio che aveva visto prima, ma erano scomparse. Invece, vide altri 9-11 oggetti simili a stelle, ma molto luminosi, più in alto nel cielo. Si muovevano tutti in modo casuale. Leroy Gayton andò a prendere il binocolo, ma non riuscì a vedere l'oggetto fisico a causa della luminosità delle luci che lo accompagnavano.

Mentre Leroy Gayton osservava, le luci cambiarono di nuovo. La loro configurazione passò da orizzontale a verticale. Poi, improvvisamente, sfrecciarono via ad alta velocità.

A Stephenville, Steve Allen e Mike Odom videro l'oggetto sconosciuto muoversi nel cielo, ma questa volta c'erano due jet F-16 che lo seguivano con i postbruciatori accesi. Questi F-16 stavano andando a tutta velocità, ma non riuscivano a stare al passo con l'oggetto, che si muoveva più velocemente di loro. Nel frattempo, anche Leroy Gayton e suo figlio a Dublino hanno sentito il gioco supersonico del gatto e del topo. Hanno sentito gli F-16 sorvolare la loro casa prima che tutto scomparisse finalmente all'orizzonte.

Steve Allen e i suoi amici chiamarono subito la redazione e parlarono con Angelia Joiner, una giornalista dello *Stephenville Empire-Tribune*. Si scoprì che non erano gli unici ad aver chiamato. Nel giro di quattro ore, arrivarono decine di segnalazioni relative a un oggetto, e tutti i testimoni descrivevano di aver visto la stessa cosa. Pensando che i lettori avrebbero apprezzato la notizia, Angelia Joiner e l'editore rielaborarono la prima pagina e mandarono rapidamente la notizia in stampa. Il giornale andò esaurito in pochissimo tempo e la notizia si trasformò rapidamente da un piccolo reportage locale a un enorme e incontrollabile clamore mondiale.

Due settimane dopo, 500 abitanti del luogo affollarono l'edificio del Rotary Club di Dublino per discutere di ciò che avevano visto. Duecento persone, tra cui l'agente Leroy Gayton, presentarono segnalazioni al Mutual UFO Network (MUFON), un gruppo che indaga sugli avvistamenti UFO. Sebbene gli scettici attribuissero gli avvistamenti a razzi militari di nuova generazione in grado di cambiare colore e muoversi autonomamente, i razzi militari non avrebbero dovuto essere testati su aree civili. Dopo aver inizialmente negato qualsiasi coinvolgimento, l'aviazione militare statunitense rivelò infine che quella notte dieci F-16 erano impegnati in missioni di addestramento sopra l'area.

Analizzando i dati radar di quella notte, l'investigatore UFO Robert Powell e l'analista radar in pensione Glenn Schultz hanno rilevato un oggetto non identificato che volava sopra la contea di Erath a più di 3.000 km/h. Ciò suggeriva che l'oggetto utilizzasse tecnologie al di là delle capacità della civiltà moderna.

56

Clouded House, contea di Bucks, Pennsylvania, 2008

La notte del 3 giugno 2008, nella contea di Bucks, in Pennsylvania, Cliff Taylor stava tornando a casa dopo aver portato a spasso il suo cane. Cliff Taylor era un imprenditore in pensione, acuto, eloquente e intelligente. La contea di Bucks era una piccola comunità a circa 30 miglia a nord di Filadelfia. Era una piacevole zona residenziale e era considerata uno dei quartieri più sicuri d'America.

Per Cliff, niente concludeva una lunga passeggiata con il suo cane come una buona notte di sonno. Andò a letto poco dopo essere tornato a casa e si addormentò rapidamente. All'improvviso, il suo cane iniziò ad abbaiare: qualcosa all'esterno aveva attirato la sua attenzione.

Cliff si svegliò. Erano le 4 del mattino. Quando guardò fuori dalla finestra, vide una nuvola scura che si avvicinava. Tuttavia, non era una nuvola normale: era rotonda e simmetrica. Lo trovò molto strano perché la notte era serena. Osservando più da vicino, si rese conto che era un oggetto dalla struttura ben definita. Inoltre, l'oggetto si muoveva troppo lentamente per essere un aereo: stimò che viaggiasse a circa 25 miglia all'ora.

"Tesoro, svegliati! Devi vedere questo!"

Cliff era ansioso di condividere ciò che aveva visto con sua moglie, ma lei non lo sentì: in realtà dormiva in un'altra stanza a causa del suo russare. Non ricevendo risposta dalla moglie, Cliff riportò la sua attenzione sulla misteriosa nuvola.

Una delle cose che sorprese Cliff fu il modo in cui il velivolo si muoveva. Avanzava, si fermava per un secondo, poi riprendeva a muoversi, fermandosi e ripartendo in modo rapido e a scatti. Lo descrisse come se stesse guardando un vecchio cinegiornale con dei fotogrammi mancanti, che facevano sembrare l'oggetto come se saltellasse nel cielo. Osservò l'oggetto fino a quando non scomparve dalla vista.

In quel momento, sua moglie entrò nella stanza. Era ancora troppo presto e pensò che Cliff avesse avuto un incubo e che dovesse tornare a dormire. Tuttavia, Cliff disse a sua moglie che non avrebbe creduto a ciò che aveva appena visto.

Sua moglie era scettica quando lui le descrisse ciò che aveva visto. Lei tornò semplicemente a letto perché doveva alzarsi entro due ore. Per quanto riguarda Cliff, non era del tutto sicuro di ciò che aveva visto: forse se lo era immaginato? Chiamò il dipartimento di polizia e il giornale locale per verificare se ci fossero state segnalazioni, ma nessun altro aveva riferito di aver visto ciò che lui descriveva.

Tuttavia, non sarebbe passato molto tempo prima che potesse vedere di nuovo quella cosa.

Settimane dopo, Cliff Taylor era ancora ossessionato da quell'esperienza. Non riusciva a togliersela dalla testa: cosa aveva visto, perché si muoveva in quel modo e perché era venuto sopra la sua casa. Quello che non sapeva era che la sua esperienza era ben lungi dall'essere finita.

La notte del 27 luglio 2008, Cliff era a letto. Erano le 4 del mattino e c'era un temporale elettrico, con fulmini di calore. Ancora turbato dal primo evento, provò una strana sensazione di disagio quando il cane lo svegliò di nuovo.

Guardò fuori dalla finestra e lo vide di nuovo.

Vide una nuvola scura che sembrava muoversi verso di lui, avvicinandosi sempre di più. Da quella prospettiva, la forma sembrava esagonale. Capì che non si trattava di un velivolo convenzionale. Stimò che fosse largo almeno 300 o 400 iarde (274 o 366 metri), delle dimensioni di uno stadio di calcio. Continuò ad avvicinarsi fino a quando non superò la sua casa.

Cosa stava guardando? Mentre l'oggetto si muoveva sopra la sua proprietà, Cliff ne fu completamente assorbito. Gli sembrava molto innaturale. Spinto dalla curiosità, corse fuori di casa per vedere meglio.

Quando lampeggiò il fulmine di calore, Cliff si rese conto che non stava guardando un singolo oggetto, ma forse ben sei oggetti separati, tutti agganciati insieme. Ciascuno di quei triangoli sembrava avere le dimensioni di un piccolo jet commerciale, simile a come una portaerei può ospitare numerosi aerei sul suo ponte.

"Tesoro, torna dentro." In quel momento, la moglie di Cliff uscì per vedere come stava. Vedendo Cliff che fissava il cielo, si chiese se fosse tutto a posto. Ma era arrivata con qualche secondo di ritardo. I bordi esterni dell'oggetto sembravano brillare, diventare ondulati, e poi svanirono.

Cliff Taylor contattò gli investigatori locali sugli UFO, tra cui John Ventre, che condusse interviste con lui e molti degli altri 200 testimoni. Nonostante i loro sforzi, non riuscirono a trovare alcuna spiegazione ragionevole per gli avvistamenti.

Una cosa che gli investigatori affermarono era che l'oggetto non emetteva un segnale transponder, il segnale che gli aerei sono tenuti a utilizzare per identificarsi. Nonostante i dati radar e le centinaia di testimonianze, la FAA non ritenne che questi avvistamenti giustificassero un'indagine.

Il caso della contea di Bucks era particolarmente affascinante. In un breve arco di tre mesi furono segnalati oltre 200 avvistamenti, più del triplo del numero abituale di avvistamenti UFO in quella zona. Ciò che rendeva questo avvistamento particolarmente insolito era il fatto che coinvolgeva quella che gli investigatori chiamavano una "nave madre", un evento raro. La maggior parte dei casi coinvolge tipicamente un velivolo o due velivoli più piccoli. Durante l'ondata di avvistamenti UFO nella contea di Bucks, questo è stato l'unico caso in cui un testimone ha riferito di aver visto una nave madre. L'identità dell'oggetto sopra la casa di Cliff rimane un mistero.

57

Avvistamento a Port Jervis, New York, 2009

La notte del 25 novembre 2009, l'infermiere John Hudson stava tornando a casa dopo un lungo turno all'ospedale psichiatrico. Il tragitto era di circa 15 minuti e Hudson ascoltava musica natalizia ad alto volume alla radio, godendosi il viaggio. La strada per tornare a casa era una strada di campagna tortuosa con dolci colline, piuttosto desolata, e quella notte pioveva leggermente.

Improvvisamente, mentre superava una delle colline, Hudson notò una luce nel cielo. All'inizio sembrava la luce di un aereo in lontananza, ma sembrava muoversi verso di lui a una velocità piuttosto elevata. Mentre continuava a guidare, l'oggetto diventava sempre più grande. Incuriosito da ciò che stava vedendo, Hudson accostò sul lato della strada e fermò la sua auto.

Mentre l'oggetto si avvicinava al suo veicolo, rallentò fino a procedere a passo d'uomo, un comportamento insolito, poiché un aereo non può rimanere in volo a una velocità così bassa. Hudson scese dall'auto per vedere meglio. L'oggetto era lungo circa 60 metri, a forma di sigaro, con una struttura lunga e rettangolare nella parte inferiore che assomigliava a una pala di ventilatore. Man mano che si avvicinava, la radio all'interno della sua auto iniziò a subire interferenze: la musica natalizia divenne distorta e indistinguibile.

Con l'oggetto che aleggiava lentamente sopra la sua testa, la curiosità di Hudson lasciò il posto a una crescente paura. Si ritirò rapidamente nella sua auto. Il velivolo era ora direttamente sopra il veicolo e ruotava silenziosamente. In quel momento, si convinse di stare assistendo a qualcosa che non apparteneva a questa Terra.

Improvvisamente, il velivolo emise un insolito raggio di luce, che sembrava un tubo solido. Questa cosiddetta "luce solida" si comportava come una struttura rigida che non si divergeva né si espandeva, qualcosa che nessuna tecnologia conosciuta poteva replicare. Il raggio si estendeva dalla parte inferiore del velivolo e si fermava a mezz'aria, sospeso nello spazio.

Dall'interno del veicolo, Hudson osservò la scena con orrore, senza sapere cosa fare. Pochi istanti dopo, il raggio colpì la sua auto. Quasi istantaneamente, i fari, le luci del cruscotto, la radio e persino il suo cellulare si spensero. Il veicolo era completamente fuori uso.

Hudson era terrorizzato. Era ancora a chilometri da casa, solo su una strada di campagna isolata, senza auto di passaggio e senza lampioni. Per prima cosa provò ad abbassare i finestrini e ad aprire la portiera, ma i finestrini elettrici e le serrature non rispondevano. In preda al panico, cercò a tentoni nella buio la maniglia manuale della portiera, riuscendo infine ad aprirla. Una volta fuori, valutò rapidamente le opzioni a sua disposizione. Doveva rimanere in macchina o scappare?

In quel preciso istante, lo strano tubo di luce si ritrasse improvvisamente. Le luci del velivolo si spensero e l'intero oggetto svanì davanti ai suoi occhi. Quasi contemporaneamente, tutto nella macchina di Hudson - i fari, le luci del cruscotto, la radio - si riaccese. Non era chiaro se l'oggetto fosse decollato o avesse semplicemente spento le luci, ma una cosa Hudson la sapeva per certo: voleva andarsene da lì il più velocemente possibile. Premette l'acceleratore a fondo, ignorando tutti i semafori e i segnali di stop tra quel punto e casa sua. Era così scosso che per poco non distrusse la sua auto lungo la strada.

L'esperienza di John Hudson fu presto oggetto di indagine da parte del New York Strange Phenomena Investigators (NY-SPI). Il team esaminò accuratamente i dettagli del suo racconto e lo trovò coerente e convincente. Inoltre, Hudson appariva visibilmente spaventato, segno che era stato sinceramente colpito da un evento che non riusciva a spiegare.

Successivamente, l'auto di Hudson è stata oggetto di un'indagine separata da parte del Mutual UFO Network (MUFON). Utilizzando un misuratore TriField per scansionare il veicolo, gli investigatori del MUFON hanno riferito che l'ago ha superato i limiti misurabili del dispositivo, indicando un campo magnetico insolitamente forte. Per fare un confronto, hanno testato un veicolo identico per marca e modello, ma non hanno riscontrato valori magnetici così elevati.

Quando il MUFON tornò tre settimane dopo per ispezionare nuovamente l'auto di Hudson, riferì che circa il 60% del campo magnetico era ancora presente. Gli investigatori interrogarono anche un agente della polizia di Stato di New York che era stato assegnato al pattugliamento della zona la notte dell'incidente. L'agente confermò di aver sentito alla radio parlare di strane luci nel cielo, ma queste furono successivamente attribuite a una mongolfiera. Nessun altro testimone si è mai fatto avanti per confermare la versione di Hudson di un incontro ravvicinato.

Questo incidente è diventato parte di un più ampio quadro di avvistamenti UFO nella regione della Hudson Valley, da tempo associata a segnalazioni di fenomeni aerei inspiegabili. Molti di questi avvistamenti hanno riguardato veicoli triangolari di grandi dimensioni, silenziosi e con configurazioni luminose insolite, spesso osservati da più testimoni, tra cui agenti delle forze dell'ordine e civili. Nonostante le numerose segnalazioni e indagini, molti di questi eventi, compresa l'esperienza di John Hudson, rimangono inspiegabili.

58

Quasi collisione in volo, California meridionale, 2024

Il 17 settembre 2024, un pilota dell'aeronautica militare statunitense con il nome in codice Troy 21 stava svolgendo una missione segreta di intercettazione di droga in coordinamento con il Dipartimento della Sicurezza Interna nella California meridionale. Era accompagnato da un operatore di sensori a bordo di un Beechcraft 350C, un aereo dotato di sistemi radar avanzati spesso impiegati nelle operazioni di contrasto al contrabbando. Conosciuto anche come King Air 350CER/350ER, questo velivolo era dotato di una sofisticata serie di sensori attivi e passivi in grado di sorvegliare i domini aereo, marittimo e terrestre. Questi sistemi hanno svolto un ruolo fondamentale nell'identificazione di bersagli anomali che superavano la velocità o il comportamento dei velivoli convenzionali.

Il tempo quel giorno era eccellente, con cielo sereno e alta visibilità. La copertura nuvolosa era minima, non erano segnalate turbolenze e non c'erano precipitazioni: condizioni ideali sia per l'osservazione visiva che per le prestazioni dei sensori. L'equipaggio volava a circa 20.000 piedi, scrutando attentamente alla ricerca di attività anomale.

Improvvisamente, intorno alle 14:30, Troy 21 notò qualcosa che passava molto vicino sotto l'ala destra dell'aereo a una velocità insolitamente elevata. *Che cos'era? Era un'illusione?* Non riusciva a credere ai propri occhi. A 20.000 piedi, con una visibilità quasi perfetta e nessun altro aereo nelle vicinanze, l'avvistamento era sconcertante. Dopo aver confermato l'osservazione con il suo operatore sensori, Troy 21 ha immediatamente contattato via radio il controllo del traffico aereo (ATC) di Los Angeles:

"Sembrerà strano, ma ho appena visto qualcosa passare sotto la mia ala. Forse un oggetto delle dimensioni di un pallone da football proprio sotto la mia ala".

L'ATC rispose, altrettanto perplesso:

"Ah, Troy 21, ricevuto. Pensi che fosse un drone?"

"Non ne ho idea", rispose Troy 21. "Ho chiesto al mio operatore sensori di cercarlo con la telecamera in questo momento... Era come un oggetto cilindrico grigio scuro, probabilmente delle dimensioni di un pallone da calcio, ed è passato forse a 3 metri sotto la nostra ala destra".

Il rapporto era allarmante. A quell'altitudine e a quella velocità, anche un oggetto di piccole dimensioni avrebbe potuto causare una collisione catastrofica in volo. Il controllore ATC segnalò immediatamente l'incidente al personale della torre di controllo.

Ma l'incidente non finì lì. Poco dopo la chiamata iniziale, Troy 21 comunicò nuovamente via radio che l'oggetto era ricomparso, questa volta a quasi 60 miglia dalla loro posizione attuale. Dato che era trascorso meno di un minuto dal quasi incidente, l'oggetto avrebbe dovuto viaggiare a Mach 2, il doppio della velocità del suono, per coprire quella distanza in così poco tempo.

Per ragioni sconosciute, la torre di controllo sembrò minimizzare l'incidente. Un altro controllore prese in carico le comunicazioni con Troy 21 e liquidò completamente l'evento.

"È stato segnalato un UFO qui, ma ora è tutto risolto. Quindi non devi preoccuparti... è sparito".

Nonostante questa liquidazione casuale, il controllore del traffico aereo ha successivamente segnalato l'incidente al National UFO Reporting Center (NUFORC). La Federal Aviation Administration (FAA) riconosce il NU-

FORC come uno dei canali ufficiali attraverso i quali i piloti possono segnalare UFO e altri fenomeni aerei inspiegabili.

Il ricercatore di UFO ed ex agente dell'FBI Ben Hansen riteneva improbabile che l'oggetto fosse di origine umana, come un drone. Hansen ha osservato che, mentre alcuni droni militari e amatoriali possono raggiungere altitudini di 20.000 piedi (l'altitudine alla quale si è verificato l'incontro), l'UFO è stato avvistato al di fuori di un'area designata per operazioni militari. Qualsiasi oggetto che operasse al di fuori di quella zona avrebbe dovuto presentare un piano di volo o comunicare con l'ATC, cosa che Troy 21 non ha mai ricevuto.

Inoltre, l'aereo pilotato da Troy 21 era dotato di sensori radar in grado di rilevare attivamente oggetti in volo. Hansen ha creato una simulazione al computer dell'incontro ravvicinato e, sulla base del rapporto del pilota, l'oggetto avrebbe viaggiato a velocità supersoniche. Tali caratteristiche escludevano spiegazioni convenzionali, compresa qualsiasi tecnologia nota relativa ai droni.

In qualità di conduttore di *UFO Witness*, un programma di Discovery Channel, Ben Hansen ha affermato che l'incontro ravvicinato ha sollevato serie preoccupazioni per la sicurezza aerea, in particolare perché l'oggetto è passato così vicino a un aereo militare con equipaggio. Ha sottolineato che l'incidente è avvenuto in pieno giorno in condizioni di ottima visibilità, il che ha aggiunto ulteriore credibilità al rapporto. Tuttavia, a causa della natura riservata della loro missione, il pilota e l'equipaggio non hanno potuto rivelare ulteriori dettagli sull'evento.

Il misterioso incontro ha riacceso il dibattito pubblico sui fenomeni aerei non identificati (UAP). Si tratta di uno degli avvistamenti più recenti e credibili che alimentano la convinzione di molti americani che gli alieni visitino la Terra da decenni. Alcuni funzionari governativi hanno espresso il desiderio di scoprire ciò che ritengono sia stato a lungo nascosto.

Una di queste voci è quella della deputata della Florida Anna Paulina Luna. Dopo un incontro riservato con alcuni informatori dell'Air Force, ha rivelato in un'intervista al *podcast The Grant Mitt Podcast* di "credere assolutamente" che gli UFO descritti dai testimoni siano "di origine non umana". La deputata Luna e altri ritengono che l'amministrazione Trump potrebbe presto procedere alla declassificazione delle informazioni governative relative agli UFO e agli incontri extraterrestri.

Conclusione

Dopo aver esaminato questi incontri ravvicinati meticolosamente documentati, una verità diventa evidente: il fenomeno dei fenomeni anomali non identificati (UAP) trascende i confini, le professioni e i sistemi di credenze. Da piloti esperti e personale militare a civili comuni, innumerevoli persone hanno assistito a eventi che sfidano le spiegazioni convenzionali.

Negli ultimi anni, il dibattito sugli UAP è passato dall'essere marginale a diventare di primo piano nell'attenzione dell'opinione pubblica e del governo. L'All-domain Anomaly Resolution Office (AARO) del Pentagono ha riferito di aver ricevuto 757 segnalazioni di UAP tra maggio 2023 e giugno 2024, un aumento significativo rispetto agli anni precedenti. Questo aumento sottolinea un crescente riconoscimento di questi fenomeni e un desiderio collettivo di comprenderli.

Poiché ci troviamo all'incrocio tra storia, scienza e ignoto, è essenziale affrontare questi resoconti con curiosità e pensiero critico. Sebbene le risposte definitive rimangano elusive, la coerenza e la credibilità di queste segnalazioni ci costringono a considerare possibilità che vanno oltre la nostra attuale comprensione.

Che questi fenomeni siano manifestazioni di tecnologia avanzata, eventi naturali ancora da spiegare o qualcosa di completamente diverso, ci sfidano ad ampliare i nostri orizzonti. Abbracciando l'ignoto, non solo cerchiamo risposte, ma riconosciamo anche la vastità dell'universo e il nostro posto al suo interno.

Grazie per aver intrapreso questa esplorazione. Che possa ispirare meraviglia, curiosità e un rinnovato apprezzamento per i misteri che ci circondano.

Ringraziamenti

Questo libro non sarebbe stato possibile senza lo sforzo collettivo di innumerevoli ricercatori, testimoni e narratori che hanno dedicato il loro tempo a svelare i misteri degli incontri con gli UFO. Sono profondamente grato ai creatori e ai produttori di *National Geographic, History, Discovery, HauntTV* e *DMAX UK*, i cui documentari e reportage stimolanti mi hanno fornito spunti e ispirazione inestimabili durante il mio percorso di scrittura.

Il mio sincero ringraziamento va anche ai numerosi libri, archivi e fonti online attendibili che hanno conservato registrazioni dettagliate di avvistamenti UFO, rapporti militari declassificati e testimonianze oculari. Queste risorse hanno contribuito a conferire autenticità e profondità a ogni caso esplorato in queste pagine.

Infine, a tutti i piloti, ufficiali, scienziati e cittadini comuni che hanno coraggiosamente condiviso le loro esperienze nonostante lo scetticismo e le polemiche: questo libro è un omaggio al vostro coraggio e alla vostra curiosità.

Il tuo feedback è importante!

Se ti è piaciuto questo libro, ti sarei incredibilmente grato se potessi dedicare un momento per lasciare una recensione positiva. Le tue opinioni mi ispirano e aiutano altri a scoprire questo lavoro. Scansiona o clicca sul codice QR per condividere la tua esperienza. Grazie per il tuo sostegno, significa molto per me!

Scansiona o clicca per lasciare una recensione

www.ingramcontent.com/pod-product-compliance
Lightning Source LLC
Chambersburg PA
CBHW052125270326
41930CB00012B/2759